Brot

Meinem Sohn William, der gerade die Freude am Brotbacken entdeckt

First published in Great Britain in 2003 under the title »the bread book«
by Hamlyn, a division of Octopus Publishing Group Ltd,
2–4 Heron Quays, London E14 4JP

Übersetzung: Susanne Tiarks
Lektorat: Volker Oppmann
Satz: typoskript | berlin

ISBN 3-89769-722-X

Printed and bound in China

www-lardon-media.com

Brot

75 Rezepte zum Backen und Genießen

Sara Lewis

die süßigkeiten des lebens

Anmerkung

In den folgenden Rezepten werden zum Teil Nüsse oder Nussprodukte verwendet. Allergiker sowie Personen, die eventuell zu allergischen Reaktionen neigen, wie beispielsweise Schwangere und stillende Mütter, Kranke, ältere Menschen, Säuglinge und Kinder, sollten Nüsse oder Nussprodukte meiden. Es ist auch ratsam, die Zutatenliste vcn Fertigprodukten dahingehend zu überprüfen.

Für alle Rezepte wurden mittelgroße Eier verwendet.

Für die in diesem Buch beschriebenen Brote wurden verschiedene Brotbackautomaten verwendet. Da diese, was Größe, Länge und Programmierung angeht, zum Teil sehr unterschiedlich sein können, sollte man unbedingt die Gebrauchsanleitung für den eigenen Brotbackautomaten lesen und gegebenenfalls die Zutatenmengen, Rezepte und / oder Programmierung entsprechend anpassen.

Inhalt

Einleitung

Jeder kann Brot backen. Die Zeiten, als das Brotbacken noch erfahrenen Köchen oder Meisterbäckern vorbehalten war, sind längst vorbei. Mit Trockenhefe sind selbst Hefebrote kinderleicht: Einfach die Packung öffnen, zum Mehl geben, warmes Wasser dazu – und fertig!

Mein erster eigener Versuch als Kind, ein Vollkornbrot zu backen, ließ zwar noch ziemlich zu wünschen übrig, aber dank der freundlichen Hilfe und Tipps eines Bäckers, der mir einige auch heute noch heiß geliebte Backformen überließ, machte mir das Brotbacken immer mehr Spaß. Auch mein kleiner Sohn bäckt inzwischen mit, wobei er den Teig etwas ungestümer knetet als ich. Zu warten und zu beobachten, wie der Teig aufgeht, hat etwas Magisches an sich und es kann gut passieren, dass die ganze Familie plötzlich Interesse und Freude am Brotbacken entdeckt.

Hat man nur wenig Zeit, kann der Brotbackautomat das Mischen, Kneten, Gehenlassen und Backen übernehmen. Einfach die Zutaten einfüllen, anschalten und abwarten, bis der Geruch von frischem Brot durchs Haus zieht. Und was gibt es Schöneres, als morgens von leckerem Brotduft geweckt zu werden? Kein Problem, wenn man den Brotbackautomaten entsprechend vorprogrammiert hat. Man kann aber auch nur den Teig im Automaten vorbereiten und ihn anschließend von Hand zu einem Zopf, einem Ring oder kleinen Brötchen formen.

Die mehr als 75 Rezepte in diesem Buch bieten für jeden etwas, ob das Brot nun von Hand geknetet wird oder ob es fertig aus dem Backautomaten kommt – die Auswahl an verschiedenen Sorten ist gewaltig: Sei es ein rustikales Bauernbrot, ein französisches Weißbrot oder eine eher exotische Variante als herzhafter Imbiss mit Salat oder Suppe. Oder einfach süße Brote für ein gemütliches Frühstück mit einer hungrigen Kindermeute. Und für all jene, die kein Weizenmehl vertragen, gibt es natürlich auch eine ganze Reihe Rezepte ohne Gluten.

Für sämtliche Rezepte gilt: je besser die Zutaten, desto besser das fertige Brot. Es ist ohnehin gesünder, selbst zu backen – ganz ohne die industriell verwendeten Lebensmittelzusätze.

Brot hat vor allem in Europa eine lange Tradition und wird zu jedem Gericht gereicht. Oder können Sie sich eine Mahlzeit ohne vorstellen? In Hinblick auf Sorten, Formen und Geschmacksrichtungen ist das Angebot so vielfältig wie noch nie: Ob mit Körnern, Karotten, Kürbis, Zucchini oder Nüssen, ob hell oder dunkel, süß oder pikant – die Vielfalt des Brotes bereichert jedes Essen!

Brotbacken ist sehr befriedigend und entspannend – angesichts unseres hektischen Alltags ist dies mit Sicherheit eine willkommene Abwechslung. Und es macht wirklich Spaß – probieren Sie es aus!

Grundzutaten

Die wichtigste Voraussetzung für ein gelungenes Brot sind die Zutaten und das Wissen darum, welche Rolle sie im Backprozess spielen.

MEHL

Helles Weizenmehl (Type 550) empfiehlt sich zum Backen von Weißbrot, Brötchen oder anderem hellen Gebäck. Im Unterschied zu Auszugsmehl (Type 405) enthält es mehr Kleber, der für Elastizität sorgt. Mischt man dem Weizenmehl etwas Auszugsmehl bei, wird die Kruste knusprig wie bei französischen Broten. Für Brote ohne Hefe eignet sich Auszugsmehl besser. Will man Mehl ohne Zusatzstoffe verwenden, empfehlen sich Produkte aus ökologischem Anbau. Mehle aus konservativem Anbau, jedoch ohne Zusatz von Konservierungsmitteln, bietet beispielsweise auch die Adler-Mühle in Bahlingen im deutschlandweiten Versand an.

Dunkles Weizenmehl wird häufig auch als Brotmehl bezeichnet und trägt die Typenbezeichnung 1050. (Merke: je höher die Typenzahl, desto höher ist auch der Gehalt an Vitaminen und Mineralstoffen.) Es eignet sich für dunklere, herzhafte Brote.

Vollkornmehl wird aus dem ganzen Korn gewonnen und enthält ballaststoffreiche Kleie sowie den nährstoffreichen Weizenkeim. Es ist gröber und hat ein nussiges Aroma. Vollkornbrot ist fester und schwerer, da die enthaltene Kleie die Freisetzung von Gluten und damit das Aufgehen des Teigs behindert. Verwendet man Vollkornmehl und ein helleres Mehl zu gleichen Teilen, wird das Brot lockerer.

Brotbackmischungen enthalten häufig verschiedene Mehlsorten. Man muss ihnen in der Regel nur noch Hefe und Wasser zusetzen. Sie eignen sich sowohl für den Backautomaten als auch für das Kneten von Hand.

Glutenarmes Mehl

Roggen Das Mehl mit der Typenbezeichnung 1150 wird in der Regel mit anderen Mehlen gemischt, da es einen geringen Kleberanteil besitzt. Roggenmehl hat ein kräftiges Aroma, und schon geringe Beimischungen geben dem Brot einen herzhaften Geschmack.

Dinkelmehl Dinkel, ein Vorläufer des heutigen Weizen, ergibt ein leicht nussiges Mehl mit hohem Eiweiß- sowie geringem Klebergehalt und eignet sich bei Glutenunverträglichkeit als Alternative zu anderen Weizenmehlen. Durch den niedrigen Klebergehalt geht der Teig allerdings nicht so stark auf. Man sollte bei Backautomaten daher ein Schnellprogramm wählen und die Ruhephasen bei handgemachtem Brot etwas verkürzen.

Hirsemehl hat eine blassgelbe Farbe und einen leicht süßlichen Geschmack. Es ist reich an Eiweiß, Vitaminen und Mineralien, enthält aber wenig Gluten. Ungemahlene Hirsekörner können kurz vor dem Backen auch als Dekoration über das Brot gestreut werden.

Glutenfreies Mehl

Menschen mit einer Weizenunverträglichkeit sollten sämtliche glutenhaltigen Mehle meiden. Da glutenfreie Mehle kleinere und kompaktere Brote ergeben, bietet es sich an, den Hefeanteil etwas zu erhöhen. Man kann glutenfreie Mehle entweder selbst mischen oder als Fertigmischungen kaufen. Verwendet man einen Brotbackautomaten sowohl für weizenmehlhaltige als auch glutenfreie Brote, sollte man Backform und Knethaken sorgfältig reinigen, damit keine Rückstände von Weizenmehl in der Maschine verbleiben, die bei Personen mit Weizenunverträglichkeit sonst zu allergischen Reaktionen führen können.

Kichererbsenmehl wird aus getrockneten Kichererbsen gewonnen und auch als »Besan« bezeichnet.

Quinoamehl enthält alle acht Aminosäuren und ist, gemischt mit anderen Mehlen, ein guter Eiweißlieferant.

Maismehl hat eine kräftige gelbe Farbe und wird aus getrockneten Maiskörnern gewonnen. Man bäckt damit beispielsweise süße oder hefefreie Brote.

Kartoffelmehl wird zum Binden verwendet. Mischt man es mit anderen Mehlen, sorgt es für eine feuchte Krume.

Braunes Reismehl wird aus der Vermahlung ganzer Reiskörner gewonnen. Es sorgt für eine trockene Krume und einen leicht nussigen Geschmack.

Buchweizenmehl ist glutenfrei, auch wenn sein Name das Wort Weizen enthält. Es hat einen ausgeprägt herben Geschmack.

HEFE

Hefe ist die wichtigste Zutat überhaupt und erhältlich als frische Blockhefe, aktive Trockenhefe in Granulatform (muss in Wasser aufgelöst werden) oder Trockenhefe in Pulverform. Das Trockenhefepulver, das auch für sämtliche Rezepte in diesem Buch verwendet wurde, ist einfach und bequem in der Anwendung, da es lediglich mit den trockenen Zutaten vermischt werden muss.

Geöffnete Tütchen sollten gut verschlossen im Kühlschrank aufbewahrt und innerhalb von 24 Stunden aufgebraucht werden. Hefe entfaltet ihre Eigenschaft als Treibmittel in einem Fermentationsprozess: Zucker und Stärke dienen den Hefekulturen als Nahrung und es entstehen Gasblasen (Kohlendioxid), die das Volumen des Teigs vergrößern und so aufgehen lassen.

ZUCKER

Zucker ist, wie bereits erwähnt, wichtig für den Fermentationsprozess. Man kann sowohl weißen als auch hell- oder dunkelbraunen Zucker wählen. Einen intensiven Geschmack erhält Brot, wenn man Honig, Ahornsirup oder Zuckersirup verwendet. Für einen 500-g-Laib genügt 1 TL Zucker zur Aktivierung der Hefe. Es kann aber auch mehr verwendet werden, um den Geschmack zu intensivieren. Größere Zuckermengen verlangsamen den Gärungsprozess der Hefe; bei süßen Broten sollte man daher etwas längere Gehzeiten einkalkulieren. Süßstoffe eignen sich nicht zum Backen, da die Hefe damit nicht ausreichend aktiviert wird.

SALZ

Salz dient als Geschmacksverstärker, kann aber in größeren Mengen die Gärung der Hefe verlangsamen. Muss man sich aus gesundheitlichen Gründen salzarm ernähren, kann man stattdessen Kräuter oder Gewürze verwenden.

MALZ

Zum Brotbacken eignen sich Backmalz als Treibmittel und Farbmalz – auch Röstmalz genannt – zur Intensivierung von Farbe und Geschmack. (Farbmalz nur sehr sparsam verwenden!) Beides ist beispielsweise im Versand bei der Adler-Mühle erhältlich.

WASSER

Der grundlegende Unterschied zwischen der manuellen Brotherstellung und dem Backautomaten liegt in der Wassertemperatur. Außer für Schnellprogramme verwendet man kaltes Wasser. Für die manuelle Teigverarbeitung wird warmes Wasser benötigt. Zu heißes Wasser tötet allerdings die Hefekulturen ab und zu kaltes Wasser verhindert ihre Aktivierung.

ANREICHERNDE ZUTATEN

Butter, Öl und Eier gehören zu den anreichernden Zutaten. Sie machen die Brotkrume weicher und kuchenähnlich. Butter und Öl dienen auch der Konservierung und halten Brot länger frisch, können aber auch die Fermentation der Hefe verlangsamen, weshalb der Teig etwas länger gehen muss.

Der Brotbackautomat

ANSCHAFFUNG

Preis

Es gibt eine breite Auswahl an Geräten in den unterschiedlichsten Preisklassen. Mit Automaten aus dem unteren bis mittleren Preissegment kann man bereits überraschend gute Ergebnisse erzielen. Bäckt man nicht jeden Tag, braucht man nicht in ein teures Gerät zu investieren.

Größe

Für einen Zweipersonenhaushalt reicht ein kleines Gerät für 500 g schwere Laibe. Bei mehrköpfigen Familien empfiehlt sich ein Automat, der auf 750 g oder im Idealfall auch zusätzlich auf 1 kg eingestellt werden kann. Mittlere und große Backformen sind zudem vielseitiger, da man sowohl kleinere als auch größere Brotlaibe damit backen kann.

Sichtfenster

Es ist besser, wenn man den Backvorgang durch ein Sichtfenster beobachten kann und nicht ständig den Deckel öffnen muss, da so immer wieder Hitze entweicht.

Standort

Für die Größe des Brotbackautomaten ist die verfügbare Arbeitsfläche entscheidend. Ein Brotbackautomat, der ständig einsatzbereit ist, wird sicherlich mehr benutzt als ein Gerät, das im Schrank steht.

ERSTE SCHRITTE

So banal es auch klingen mag, es ist sehr sinnvoll, die Gebrauchsanleitung genau durchzulesen und sich mit Programmauswahl, Brotgrößen und verschiedenen Bräunungsgraden vertraut zu machen. Eine falsche Einstellung und das Brot bäckt vielleicht eine Stunde zu viel oder überhaupt nicht! Wie bei allem anderen gilt auch hier: Übung macht den Meister. Nach ein paar Probeläufen ist die Bedienung ein reines Kinderspiel.

Zeitschaltuhr

Was gibt es Schöneres, als an einem Sonntagmorgen vom Duft frisch gebackenen Brotes geweckt zu werden oder von der Arbeit nach Hause zu kommen und ein fertiges, frisches Brot vorzufinden? Da die Zutaten dabei einige Stunden roh im Brotbackautomaten verbleiben, sollte man keine schnell verderblichen Zutaten wie frische Milch, Butter oder Eier verwenden. Wichtig ist auch, dass Salz, Zucker und Hefe nicht miteinander in Berührung kommen. Die Hefe sollte in eine kleine Vertiefung im Mehl gefüllt werden und keinen Kontakt zu den flüssigen Zutaten haben. Ansonsten würde sie bereits aktiviert, bevor die anderen Zutaten vermischt sind und hätte dann keine Treibkraft mehr, wenn der Brotbackautomat anschaltet. Aber auch sonst ist eine Zeitschaltuhr sinnvoll, da man an ihr die verbleibende Backzeit ablesen kann. Gerade beim Kauf billiger Maschinen empfiehlt es sich also genau auf die Ausstattung zu achten.

PROGRAMMVARIATIONEN

Weißbrot oder Normal

Diese Programme werden wahrscheinlich am häufigsten verwendet. Nach ca. 2 Stunden ist ein 750 g schweres Brot gemischt, gegangen und fertig gebacken.

Fassungsvermögen

Bevor Sie die Zutaten auswiegen, sollten Sie nachprüfen, ob die Angaben im Rezept dem Fassungsvermögen Ihrer Backform entsprechen. Im Zweifelsfall in der Gebrauchsanleitung nachlesen oder die Backform mit Wasser füllen und nachmessen. Handelsübliche Backformen haben in der Regel eine der folgenden drei Größen:

Brotgröße 500 g – 1,3 Liter
Brotgröße 750 g – 2,5 Liter
Brotgröße 1 kg – 3,3 Liter

In größeren Backformen kann man auch kleinere Brote backen, umgekehrt funktioniert dies natürlich nicht!

Vollkornbrot
Das Gerät heizt in dieser Einstellung länger vor, damit die Körner sich mit Wasser voll saugen und quellen können. So entsteht ein braunes, gut verträgliches Brot. Die Zubereitung dauert ca. 1 bis 1½ Stunden länger als unter »Normal«. Bei manchen Programmen geht der Teig sogar bis zu drei Mal.

Schnell- oder Kurzbacken
Abhängig vom Gerätetyp verkürzen sich die Zeiten gegenüber dem Normalprogramm um ein Drittel oder gar um die Hälfte. Es empfiehlt sich, die Hefemenge etwas zu erhöhen und lauwarmes Wasser oder Milch zur Aktivierung der Hefe zu verwenden. In dieser Einstellung werden die Brote zudem etwas kleiner und weniger luftig, weshalb man eine Mischung aus hellem und dunklem Mehl oder ausschließlich hellem Mehl verwenden sollte.

Süßes Brot
Dieses Programm berücksichtigt, dass süße Brote in der Regel schneller bräunen und sorgt daher für ausreichend lange Gehzeiten und eine niedrigere Backtemperatur.

Kuchen und/oder Schnelle Brote
Beim Backen von Kuchen in Brotbackautomaten können die Gebrauchsanweisungen zum Teil beträchtlich variieren. Manche Hersteller empfehlen, trockene und flüssige Zutaten zunächst separat zu mischen, bevor sie in die Backform gefüllt werden. Andere empfehlen, den Teig komplett selbst anzurühren und den Automaten nur zum Backen zu verwenden. In der Regel werden in dieser Programmeinstellung Brote ohne Hefe gebacken, da keine Gehzeiten vorgesehen sind. Die besten Kuchen erhält man bei einer Backzeit von etwa 1 Stunde und 45 Minuten, einschließlich Rühren und Backen. Bei längeren Voreinstellungen sollte man zwischenzeitlich nachsehen und den Kuchen eventuell 15 Minuten früher herausnehmen, sofern er durchgebacken und goldbraun ist. Man kann alternativ auch das Kurz- oder Schnellbackprogramm ausprobieren.

Teig
Dieses Programm dient ausschließlich der Herstellung von Teigen und hat keine Backfunktion. Einfach alle Zutaten in den Automaten füllen – das Gerät mischt und knetet den Teig und sorgt selbständig für Ruhezeiten. Der fertige Teig kann dann mit der Hand zu Zöpfen, Rollen, Ringen, Brötchen oder einem Pizzaboden geformt werden.

Abmessung der Zutaten
Ein exaktes Abmessen der Zutaten ist für das Backen im Brotbackautomaten extrem wichtig. Nur ½ TL zu viel Hefe kann dazu führen, dass der Teig über die Backform quillt und am Deckel festklebt. Auf jeden Fall sollten statt der handelsüblichen Tee- oder Esslöffel spezielle Messlöffel verwendet werden, die in der Regel im Lieferumfang von Brotbackautomaten enthalten sind. Messbecher sollten unbedingt auf einem festen Untergrund stehen und in Augenhöhe abgelesen werden.

SPEZIALEINSTELLUNGN

Französisch

Längere Ruhezeiten sorgen für eine luftigere Teigstruktur. Manche Geräte verfügen auch über eine höhere Backtemperatur, damit die Kruste schön knusprig wird. Dieses Programm sollte allerdings nur für Brote verwendet werden, die wenig Fett und Zucker enthalten.

Sandwich

Dieses Programm dient der Herstellung von luftigem Brot mit weicher, dicker Kruste.

Nur backen

Mit dieser Funktion kann der Brotbackautomat nur zum Backen verwendet werden. Oder man verlängert damit die Backzeit für ein laufendes oder bereits abgeschlossenes Programm. Man kann die Backzeit gegebenenfalls in Minuten programmieren, bei manchen Geräten aber auch nur volle Stunden. In diesem Fall muss man das Gerät nach Ablauf der benötigten Backzeit vorzeitig manuell abschalten, beispielsweise beim Dattel-Walnuss-Brot (siehe Seite 128).

Marmelade

Auch kleine Mengen Marmelade können im Brotbackautomaten eingekocht werden. Bei einer Menge von 250 g entsteinten Früchten und der gleichen Menge Gelierzucker beträgt die Zubereitungszeit 1 bis 1½ Stunden. Die Knethaken sollten in der Backform verbleiben, damit die Marmelade während des Erhitzens gerührt werden kann.

Warmhaltefunktion

Ist das Brot fertig und das gewählte Programm abgelaufen, wird das Brot je nach Größe und Gerät noch automatisch ½ bis 1 ½ Stunden warm gehalten und der Kondensationsprozess so auf ein Minimum reduziert. In regelmäßigen Abständen ertönt ein Signalton, damit man nicht vergisst, das Brot herauszunehmen – ansonsten zieht die Kruste Feuchtigkeit und wird pappig.

Stromausfallspeicher

Kommt es während des Programmablaufs zu einem kurzen Stromausfall oder wird das Gerät versehentlich ausgeschaltet, aktiviert sich diese Funktion automatisch. Ist die Netzspannung wieder da, setzt der Brotbackautomat das unterbrochene Programm fort.

Bräunungsgrad

Bei guten Geräten kann man drei Bräunungsgrade auswählen. Bei einfacheren Ausführungen kann man zwischen zwei Grundeinstellungen wählen. Hat Ihr Gerät keine dieser Funktionen und Sie möchten dennoch eine dunkle Kruste, das Brot mit etwas Butter oder mit Wasser vermischtem Eigelb einpinseln und im Backofen bei 200°C (Gas Stufe 6) bräunen.

Tipp Die Knethaken sollten nach dem Backen immer aus dem Brotlaib oder der Backform entfernt werden. Lässt man sie in der Form, sammelt sich darunter angebackener Teig, sodass sie sich nicht mehr lösen lassen und die Drehungen mit der Zeit immer langsamer werden.

Die 10 besten Tipps im Überblick

1. Vor dem Backen überprüfen, ob die im Rezept angegebenen Mengen in Ihren Brotbackautomaten passen.
2. Die Gebrauchsanweisung Ihres Brotbackautomaten sorgfältig durchlesen, da die Geräte sehr unterschiedlich sein können. Bei einigen ist es erforderlich, zunächst die flüssigen Zutaten einzufüllen, bei manchen empfiehlt sich zuerst das Einfüllen des Mehls.
3. Die Backform vor dem Einfüllen der Zutaten herausnehmen.
4. Außer bei Kurz- oder Schnellbackprogrammen kaltes Wasser verwenden.
5. Zutaten sorgfältig abwiegen, insbesondere die Hefemenge. Nur 1/2 TL zu viel Hefe kann dazu führen, dass der Teig überquillt.
6. Bei leicht verderblichen Zutaten wie Butter, Eier, Milch oder Käse keine Zeitverzögerung programmieren.
7. Zusätzliche Geschmacksstoffe können bei Ertönen eines Signals während des Programmablaufs eingefüllt werden. Gegebenenfalls mit einem Teigschaber nachhelfen, damit nichts an den Wänden der Backform hängen bleibt.
8. Den Deckel des Brotbackautomaten während der Ruhe- und Backzeiten nicht öffnen, da eindringende kalte Luft die Abläufe verzögert.
9. Beim Herausnehmen der Backform immer Ofenhandschuhe verwenden.
10. Brotform und Knethaken sorgfältig behandeln. Beim Herauslösen des Brotes Pfannenwender aus Holz verwenden, damit die Antihaftbeschichtung nicht beschädigt wird. Backform mit Seifenwasser und einer Spülbürste reinigen. Die Knethaken nach dem Backen aus dem Brot nehmen.

Das erste Brot aus dem Brotbackautomaten

Gebrauchsanleitung beachten
Da nicht alle Brotbackautomaten gleich sind, sollte man stets die Gebrauchsanweisung der eigenen Maschine genau durchlesen, bevor man zum ersten Mal bäckt. Gegebenenfalls müssen die Mengen der Zutaten entsprechend angepasst werden. Unter Umständen müssen sie auch in einer anderen Reihenfolge als im Folgenden dargestellt eingefüllt werden.

Die vielen Auswahlmöglichkeiten an unterschiedlichen Programmen, Brotgrößen und Bräunungsgraden mögen auf den ersten Blick zwar etwas verwirrend erscheinen, sind in der Praxis aber relativ leicht zu handhaben und werden schnell zur Routine.

1 Vor Inbetriebnahme
Der Brotbackautomat sollte aus belüftungstechnischen Gründen möglichst frei auf einer Arbeitsfläche stehen und keiner direkten Sonneneinstrahlung oder Zugluft ausgesetzt sein. Bei gezogenem Netzstecker zunächst die Backform herausnehmen, gegebenenfalls leicht drehen, um die Verankerung zu lösen.

2 Letzte Vorbereitungen
Knethaken auf die Antriebsachsen im Teigbehälter stecken und so lange drehen, bis sie einrasten. Wurde der Brotbackautomat bereits benutzt, empfiehlt es sich, vorher noch einmal zu kontrollieren, ob um die Achsen herum noch angebackener Teig klebt, da sich die Knethaken sonst nicht richtig drehen können.

3 Einfüllen der flüssigen Zutaten
Kaltes Wasser oder Milch in die Backform gießen (Kurz- oder Schnellbackprogramme: warmes Wasser). Eier vor dem Einfüllen verquirlen und anschließend geschmolzene oder weiche Butter hinzufügen. Auch Honig sollte schon jetzt in den Behälter gegeben werden. (Bei programmierter Zeitschaltuhr keine verderblichen Zutaten verwenden.)

4 Einfüllen der Trockenen Zutaten
Mehl über die Flüssigkeit streuen, bis diese völlig damit bedeckt ist und das Mehl eine kleine Kuppel bildet. Anschließend je nach Rezept die restlichen Zutaten in unterschiedliche Ecken des Behälters geben. In die Mitte des Mehls eine kleine Vertiefung drücken, sodass die Hefe keinen Kontakt zur

3a

3b

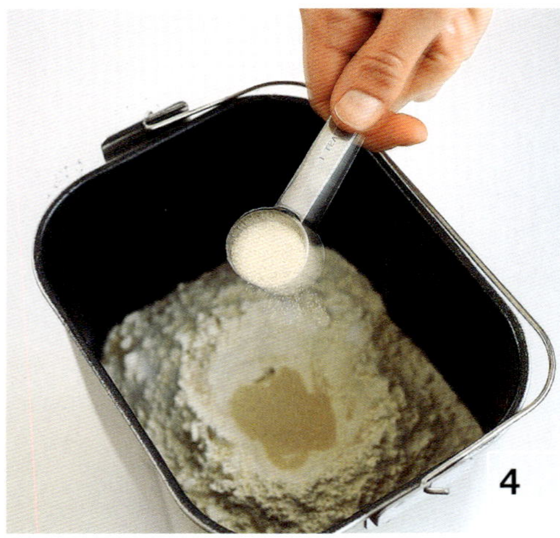
4

Kontrolle der Teigverarbeitung

Sie sollten die Teigverarbeitung gelegentlich kontrollieren und nicht untergemischte trockene Zutaten mit einem Teigschaber von den Rändern des Behälters abschaben. Vorsicht: Nicht an die Knethaken kommen!

Wird der Teig zu trocken oder zu feucht, einfach ein oder zwei Teelöffel Wasser oder Mehl hinzufügen.

Flüssigkeit bekommt (besonders wichtig beim Backen mit Zeitverzögerung). Hefe sorgfältig abmessen und in die Vertiefung streuen.

5 Backform einsetzen
Die Backform vorsichtig in den Automaten einsetzen und einrasten lassen. Deckel schließen.

6 Programmwahl
Netzkabel einstecken und das gewünschte Programm für Brotart sowie -größe einstellen. Bei manchen Geräten kann man auch den Bräunungsgrad wählen. Die nachfolgenden Rezepte geben lediglich Empfehlungen, die eventuell der Gebrauchsanleitung entsprechend angepasst werden müssen.

7 Programmstart Die Starttaste drücken. Manche Geräte heizen zunächst vor, andere heizen und mischen gleichzeitig, was sich natürlich auch in kürzeren Programmlaufzeiten niederschlägt.

8 Signalton
Am Ende des Mischvorgangs ertönt ein langer Piepton. Er signalisiert, dass weitere Zutaten, wie Trockenobst, sonnengetrocknete Tomaten oder Frühlingszwiebeln hinzugefügt werden können, bevor das Programm weiterläuft. Nach 10 Minuten kurz überprüfen, ob alles untergemischt wurde. Mit einem Teigschaber eventuell am Rand hängen gebliebene Zutaten abschaben. Vorsicht: Nicht an die Knethaken kommen!

9 Programmende
Deckel schließen und Programm durchlaufen lassen. Nach Beendigung ertönt ein weiterer Signalton und Sie können die Backform mit dem fertigen Brot am Griff herausnehmen – Ofenhandschuhe nicht vergessen!
Man kann das Brot je nach Programm auch noch im Backautomaten belassen und bis zu 90 Minuten warm halten. Vor allem Brillen- und Kontaktlinsenträger sollten sich wegen der großen Hitze beim Öffnen des Deckels nicht direkt über das Gerät beugen.

10 Brot aus der Form lösen
Während man die Backform mit Topflappen oder Ofenhandschuhen festhält, löst man das Brot mit einem Pfannenwender aus Holz vorsichtig aus der Form oder kippt sie um und schüttelt einige Male. Das fertige Brot auf einem Kuchengitter mindestens 30 Minuten auskühlen lassen, bis es vollständig ausgedampft hat.

Die Knethaken sollten in der Backform bleiben. Sind sie im Brot eingebacken, vorsichtig entfernen. Backautomaten ausschalten, Netzstecker ziehen und auskühlen lassen.

Wie viel Hefe?

Grundsätzlich gilt: je länger die Ruhe- und Backzeiten, desto weniger Hefe.

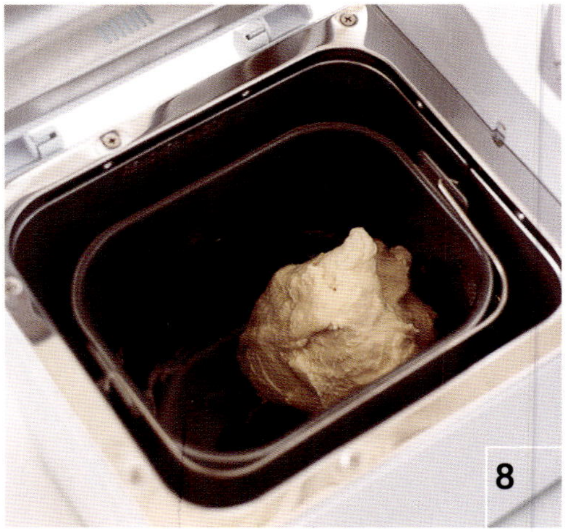

Brotbacken von Hand

Die richtige Backhefe

Für handgemachte Brote kann man, im Gegensatz zum Backautomaten, für den sich ausschließlich Instant-Trockenhefe eignet, sowohl frische Hefe als auch aktive Trockenhefe in Granulatform zum Anrühren oder Instant-Trockenhefe verwenden. Letztere ist in der Handhabung allerdings am einfachsten, da man sie ohne Anrühren direkt zum Mehl geben kann. Sie wurde auch für sämtliche in diesem Buch aufgeführten Rezepte verwendet.

1 **Das Mischen** Abgemessene Mehlmenge in eine Schüssel geben, Butter hinzufügen und alles mit den Fingern vermengen, bis feine Streusel entstehen. Salz, eventuell Milchpulver, Zucker und Trockenhefe dazugeben. Mit Hilfe eines Holzlöffels und warmen Wassers alles zu einem weichen Teig rühren. Sobald sich der Teig vom Schüsselrand löst, mit den Händen weiterkneten.

Die im Rezept angegebene Wassermenge ist lediglich als ein Richtwert zu verstehen. Die tatsächlich benötigte Menge hängt sowohl von der Art des Mehls, der Umgebungstemperatur als auch der Luftfeuchtigkeit ab und muss entsprechend angepasst werden. Der Teig sollte im Zweifelsfall eher etwas zu weich als zu fest sein.

2 **Das Kneten** Das Kneten ist für eine gründliche Vermengung der Zutaten und die Aktivierung der Hefe wichtig. Dabei entwickelt sich auch der im Mehl enthaltene Kleber, der für das Aufgehen des Teigs sorgt. Den Teig zunächst auf eine bemehlte Arbeitsfläche legen, mit einer Hand festhalten und mit dem Handballen der anderen Hand auseinander ziehen. Die eine Hälfte des Teigs über die andere schlagen, um 90 Grad drehen und ca. 5 Minuten fortfahren, bis sich der Teig nach mehrmaligem Drehen, Ziehen und Kneten zu einer elastischen Kugel formt.

3 **Gehen lassen** Den gekneteten Teig in eine mit Mehl bestäubte Schüssel legen und locker mit einem Stück eingeölter Frischhaltefolie abdecken. Danach warm stellen (z.B. an eine Heizung) und den Teig gehen lassen, bis er sein Volumen verdoppelt hat. Abhängig von der Raumtemperatur dauert dies ca. 1–2 Stunden.

4 **Den Teig abschlagen** Frischhaltefolie entfernen und beiseite legen. Den Teig mit der Faust abschlagen, damit das Gas entweicht. Herausnehmen und auf einer bemehlten Arbeitsfläche nochmals kneten.

5 **Brot formen** Den Teig mit den Handflächen unter gleichmäßigem Druck hin- und herrollen, bis eine dicke Rolle entsteht. Die Enden dann so weit einschlagen, dass sie in die Kastenform passt und den Teig mit der Saumseite nach unten hineinlegen. Mit eingeölter Frischhaltefolie abdecken.

1a

1b

2

6 Gehen lassen und Glasur Den Teig an einem warmen Ort nochmals für weitere 30 Minuten gehen lassen, bis er über den Rand der Kastenform aufgegangen ist. Er darf aber auch nicht zu lange gehen, da er sonst im Backofen in sich zusammenfällt. Zum Testen mit der Fingerspitze eine Delle in den Teig drücken. Hebt sich die Delle langsam wieder, ist der Teig fertig – bleibt sie, ist er bereits zu lange gegangen. Nun die Frischhaltefolie abziehen und das Brot mit Mehl bestreuen.

7 Backen und Gartest Ein 500 g schweres Brot im vorgeheizten Ofen bei 200°C (Gas Stufe 6) ca. 25 Minuten backen (einen 750 g schweren Laib weitere 30 Minuten und ein großes 1 kg schweres Brot ca. 35 Minuten). Das Brot sollte goldbraun sein und hohl klingen, wenn man mit den Fingerspitzen darauf klopft. Die Backform mit Ofenhandschuhen herausnehmen und das Brot mit einem Palettenmesser aus der Form lösen. Auf ein Kuchengitter stürzen und auf die Brotunterseite klopfen. Ist der Boden noch etwas weich, sollte das Brot offen auf einem Backblech noch etwas weiterbacken. Das fertige Brot anschließend auf einem Kuchengitter auskühlen lassen.

Tipp Das fertige Brot vor dem Anschneiden mindestens 30 Minuten auskühlen lassen.

Gehen lassen

Ist es in der Küche zu kalt, kann man auch Folgendes versuchen:

- Teigschüssel auf einen großen Topf mit frisch gekochtem Wasser stellen, den Herd dabei ausschalten. Der Schüsselboden sollte dabei nicht mit dem Wasser in Berührung kommen.
- Schüssel mit dem Teig in ein zur Hälfte mit heißem Leitungswasser gefülltes Spülbecken stellen.
- Teig im warmen Backofen gehen lassen.
- Teigschüssel auf einem Stuhl direkt vor einem warmen Heizkörper platzieren.

Form- und Arbeitstechniken

Angereicherte Teige ▸

1 Die Butter zwischen zwei Lagen Backpapier dünn ausrollen und für etwa 10 Minuten ins Gefrierfach legen. Den Brotteig kneten und zu einem Rechteck ausrollen, das etwas größer als die Butter ist.

2 Die gekühlte Butter auf den Teig legen und das Papier abziehen.

3 Das untere Drittel des Teigs über den mit Butter belegten Teig falten.

4 Anschließend das obere Drittel des Teigs über das untere Drittel schlagen. Alles um 90 Grad drehen, wie für einen Blätterteig mehrmals ausrollen und zusammenlegen. (Eine ausführliche Beschreibung finden Sie auch bei den Rezepten für Croissants und Dänische Plunderstücke auf Seite 108 f.)

◂ Landbrot oder großes Brioche

1 Ein Viertel des Teigs abschneiden und das größere Stück zu einer Kugel formen. Anschließend auf ein gefettetes Backblech (Landbrot) oder eine Spezialform (Brioche) legen. Das kleinere Teigstück ebenfalls zu einer Kugel formen und auf dem größeren Stück festdrücken.

2 Den bemehlten Griff eines Holzkochlöffels in das kleinere Teigstück bis zum großen Laib hinunterdrücken. Für kleine Brioche kann man statt des Holzlöffels einen Teelöfel verwenden.

CROISSANTS ▸

1 Den rechteckig ausgerollten Teig in Quadrate und diese zu Dreiecken schneiden.

2 Die Dreiecke von der Grundseite zur Spitze hin aufrollen und die seitlichen Enden etwas nach vorn drücken (siehe Seite 108).

◂ BREZELN

1 Eine lange, dünne Teigrolle bogenförmig auf die Arbeitsfläche legen. Mit jeder Hand ein Ende fassen und den Strang in der Mitte ineinander verdrehen (Brezelknoten).

2 Die beiden Enden auf dem bogenförmigen Teil der Teigrolle festdrücken (siehe Seite 96).

◂ ROLLEN

Eine lange, dicke Teigrolle an einem Ende festhalten und die Rolle mit der anderen Hand in sich verdrehen (Karotten-Senf-Brot, siehe Seite 64).

DOPPELROLLEN ▸

1 Den Brotteig zu einem großen Quadrat ausrollen. Zutaten großflächig verteilen und den Teig strudelartig aufrollen. Anschließend der Länge nach auseinander schneiden.

2 Die beiden Stränge vorsichtig umeinander wickeln, sodass eine Doppelrolle entsteht (Feta-Spinat-Rolle, siehe Seite 57).

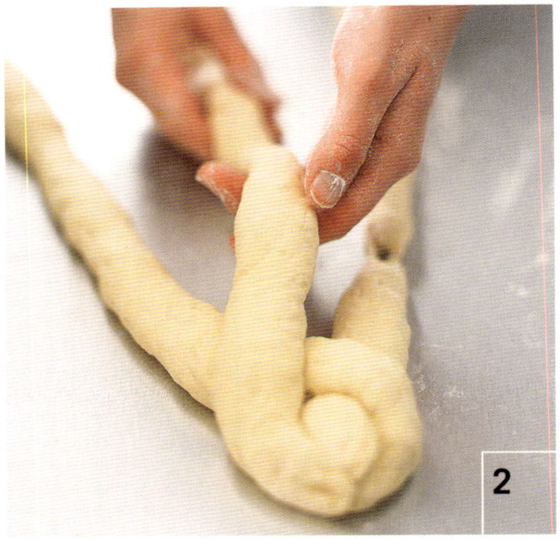

ZOPF ▲

1 Drei Rollen gleicher Länge und Stärke formen, nebeneinander legen und an einem Ende zusammendrücken. Den linken Teigstrang hochheben und über den mittleren legen, sodass er nun den Mittelstrang bildet.

2 Den rechten Teigstrang über den neuen Mittelstrang legen und so abwechselnd fortfahren.

3 Für einen einfachen Zopf bis zu den Enden flechten und diese dann fest zusammendrücken, damit der Zopf nicht wieder aufgeht.

4 Für einen Zopfring die Teigstränge bis kurz vor den Enden flechten, den Zopf zu einem Ring legen und die Enden zwischen die Teigstränge am Zopfanfang feststecken, sodass es aussieht, als würde das Geflecht rundherum gehen.

5 Für einen traditionellen Doppelzopf einen großen Zopf flechten, auf ein gefettetes Backblech legen und mit verquirltem Ei bestreichen. Anschließend einen zweiten, dünneren Zopf gleicher Länge flechten und auf den großen Zopf legen.

SCHNEIDETECHNIKEN ▲

1 Vor dem Gehenlassen einen bemehlten Brotlaib mit einem scharfen Messer gitterförmig einschneiden (siehe Buchweizen-Walnuss-Brot, Seite 47).

2 Aufgegangenen Brotteig der Länge nach mit einem scharfen Messer einschneiden. Dadurch sieht das Brot interessanter aus und die Backdauer verkürzt sich.

3 Bei Fladenbroten kann man die Einschnitte mit einem bemehlten Finger etwas erweitern.

◂ VERTIEFUNGEN UND LÖCHER IM TEIG

Bei größeren Brotlaiben, wie beispielsweise einem Couronne (siehe Seite 50), mit der Fingerspitze eine kleine Vertiefung in die Mitte drücken und allmählich vergrößern, indem man den Teig um eine bemehlte Faust rollt.

Für Donuts und Bagels (siehe Seiten 100 und 104) mit dem Finger eine Vertiefung in die Mitte des Teiglings drücken und mit einem zweiten Finger vergrößern. Das Teigstück dann um mehrere Finger drehen, um das Loch zu erweitern.

Der letzte Schliff

BLANCHIEREN, FRITTIEREN UND BRATEN

1 In einem großen Topf Wasser mit 1 TL Zucker aufkochen und anschließend die Hitze reduzieren. Jeweils 2–3 gegangene Bagels (siehe Seite 104) oder Brezeln (siehe Seite 96) mit einem Schaumlöffel in das siedende Wasser gleiten lassen und 2–3 Minuten blanchieren, bis sie an die Oberfläche steigen.

Herausnehmen, gut abtropfen lassen. Die Bagels mit Körnern und die Brezeln mit Salz bestreuen und backen.

2 Donuts (siehe Seite 100) in heißes Öl geben und eine Seite goldbraun ausbacken. Vorsichtig wenden und die andere Seite ausbacken. Anschließend gut auf einem Küchentuch abtropfen lassen und mit Zimtzucker bestreuen.

3 Crumpets (siehe Seite 101) in einer heißen, leicht gefetteten Pfanne backen, bis die Unterseite gebräunt ist und sich an der Oberfläche Blasen bilden. Die Backformen ablösen, Crumpets umdrehen und die Oberseite ebenfalls bräunen.

4 Naanbrot (siehe Seite 92) in einer heißen, leicht gefetteten Pfanne auf beiden Seiten bräunen.

IM BROTBACKAUTOMATEN

Zunächst sollte man in der Gebrauchsanweisung des Geräts nachlesen, wann bei dem gewählten Programm der Backvorgang beginnt. Zu diesem Zeitpunkt oder bis zu 10 Minuten später kann das Brot glasiert oder mit anderen Zutaten bestreut werden. Der Deckel des Brotbackautomaten sollte dabei nur so kurz wie möglich geöffnet werden, damit nicht zu viel Hitze entweicht.

Das Brot kann aber auch nach dem Backen glasiert werden. Einen zu hellen Brotlaib bestreicht man mit einer Glasur und bräunt ihn unter dem heißen Backofengrill.

DEKORATION

Süßes oder pikantes Gebäck erkennt man häufig an den Zutaten, mit denen es bestreut oder belegt wurde. Für pikante Brote eignen sich z.B. Mehl, Getreide- oder Haferflocken, Weizenkeime, Leinsamen, Kümmel, Fenchel, Sonnenblumenkerne, Sesam, Kürbiskerne oder Mohn, grobes Salz, Paprikapulver, getrocknete Chili, schwarze Senfkörner, geriebener Käse, frische Kräuter sowie Tomatenscheiben.

Für süßes Gebäck kann man Zucker, Puderzucker, Hagelzucker, dünn geschnittene Zitronenschale, grob gehackte Nüsse, Trockenobst, Schokoraspel oder Kakao nehmen.

GLASUREN

Durch eine Glasur erhält die Kruste Farbe und Glanz sowie einen intensiveren Geschmack. Glasuren sind schnell gemacht und die Brote sehen aus wie frisch vom Bäcker.

Eigelb und Wasser: Eine Mischung aus einem Eigelb und 1 EL kaltem Wasser ergibt eine glänzende Kruste. Mit Wasser verquirltes Eigelb eignet sich besser als eine Glasur aus einem ganzen verquirlten Ei, da sich beim Backen sonst streifige Muster bilden.

Eiweiß und Wasser: Durch eine Glasur aus 1 Eiweiß und 1 EL kaltem Wasser erhält das Brot eine helle und seidenmatte Oberfläche.

Geschmolzene Butter: Wenn man das Brot vor oder nach dem Backen mit geschmolzener Butter bestreicht, erhält es eine dunkle und weichere Kruste.

Olivenöl: Focaccia oder andere Fladenbrote bekommen eine seidig glänzende Kruste, wenn man sie kurz vor sowie nach dem Backen mit Olivenöl bestreicht.

Salzwasser: Bestreicht man den gegangenen Teig kurz vor dem Backen mit einer Mischung aus 3 TL Salz und 3 EL Wasser, erhält das Brot eine leicht knusprige Kruste. Weniger salzig wird die Glasur, wenn man zusätzlich 1 TL Zucker beimischt.

Milch: Eine Milchglasur wird auf den gegangenen Teig aufgetragen. Sie sorgt für eine weiche Kruste und dient als Haftgrund für aufgestreute Körner oder Samen.

Gesüßte Milch: Eine intensiv glänzende Kruste erhalten süße Brote oder Brötchen, wenn man sie sofort nach dem Backen mit gesüßter Milch bestreicht. Für die Glasur 2 EL Zucker mit 4 EL Milch aufkochen und 1 Minute kochen lassen.

Marmelade: Süßes Teegebäck, Ingwerbrot, Dänische Plunderstücke, süße Brötchen oder andere süße Brote kann man nach dem Backen mit einer klebrigen Glasur aus 3 EL Marmelade, 1–2 EL Wasser, Orangensaft, Brandy oder Likör bestreichen.

Honig oder Sirup in der Mikrowelle oder einem kleinen Topf erwärmen und den Brotlaib oder die Brötchen gleich nach dem Backen damit bestreichen. Man erhält eine klebrige, aber intensiv glänzende Kruste.

Puderzucker: Süße Brote oder Brötchen können heiß oder kalt mit einer Mischung aus 125 g Puderzucker und 4–5 TL Wasser oder frisch gepresstem Zitronen- oder Orangensaft glasiert werden. Die Mischung mit einem Backpinsel oder Teelöffel auf dem Gebäck verteilen.

Das Know-How des Backens

AUFBEWAHRUNG VON BROTTEIG

Wird man beim Brotbacken unterbrochen, kann man den Teig für ein paar Stunden oder über Nacht, mit eingeölter Frischhaltefolie abgedeckt, im Kühlschrank aufbewahren. Geht er zu stark auf, sollte man ihn ein- bis zweimal abschlagen. Für die Weiterverarbeitung wieder auf Zimmertemperatur bringen und den gekneteten und geformten Teig vor dem Backen noch einmal gehen lassen.

Halbfertig ausgerollter und zusammengefalteter Teig für Croissants oder Dänische Plunderstücke lässt sich gut aufbewahren. Auch geformte Brote lassen sich vor dem Backen problemlos einige Stunden im Kühlschrank frisch halten.

WASSERDAMPF

Etwas zusätzlicher Wasserdampf im Backofen hält die Brotoberfläche weich, sodass der Teig zu seinem größtmöglichen Volumen aufgehen kann. Später bildet sich dann eine knusprige Kruste.

Sprühflasche: Sobald das Brot in den Backofen kommt, die Ofenwände mehrmals mit Wasser besprühen. Den Vorgang nach jeweils 3 Minuten noch zwei Mal wiederholen, dabei darauf achten, dass kein Wasser auf den Ventilator oder das Backofenlicht spritzt und die Ofentür nur kurz geöffnet wird.

Schale mit Eiswasser: Eine mit kaltem Wasser und Eiswürfeln gefüllte, feuerfeste Form unter dem Brot sorgt für eine gleichmäßige Dampfentwicklung während des Backens.

Brotbackstein: Ein 30 Minuten auf der untersten Einschubleiste des Backofens vorgewärmter Brotbackstein sorgt für eine knusprige Kruste. Es eignen sich aber auch unglasierte Terrakottafliesen. Wichtig ist, dass zwischen den Fliesen genug Zwischenraum für die Luftzirkulation bleibt. Den Brotteig direkt auf die heißen Terrakottafliesen legen und backen. Die Fliesen sorgen für eine gleichmäßige Temperatur und entziehen dem Brot Feuchtigkeit, was für die knusprige Kruste sorgt. Am besten lässt sich das Brot mit einer Backschaufel in den Ofen schieben, zwei gefettete Pfannenwender tun es aber auch.

HALTBARKEIT

Selbst gebackenes Brot bleibt auch unter Zusatz von Butter oder Öl ein bis zwei Tage frisch. Im Gegensatz zu handelsüblichen Broten enthält es aber keine Konservierungsstoffe, die die Haltbarkeit verlängern. Dafür ist es so lecker, dass wohl auch kaum etwas davon übrig bleiben wird.

Tipp Statt vieler verschiedener Backformen empfiehlt sich ein variabel ausziehbarer Backrahmen für kastenförmige Brote. Zusammengeschoben lässt er sich Platz sparend im Schrank verstauen.

Backformen

Es gibt eine große Auswahl unterschiedlichster Backformen, die von klassischen Kastenbrotformen über runde bis hin zu ovalen Formen reicht, die teilweise sogar mit Mustern oder Schriftzügen versehen sind. Spezielle Beschichtungen verhindern ein Anbacken des Teigs. Vorsicht: Bei Sauerteigen bitte darauf achten, dass die Beschichtung sauerteigbeständig ist!

AUFBEWAHRUNG

Brote mit weicher Kruste lassen sich am besten in einem Gefrierbeutel aufbewahren, Brote mit harter Kruste in Papiertüten, Brotbeuteln aus Stoff oder Brotkästen. Kühlschränke eignen sich nicht, da die niedrige Temperatur das Brot austrocknen lässt.

In Gefrierbeutel verpackt lässt sich Brot auch einfrieren. Man kann auch die eine Hälfte frisch verzehren und die andere Hälfte auf Vorrat einfrieren. Praktisch ist das Einfrieren von Brötchen oder geschnittenem Brot, da man je nach Bedarf die gewünschte Menge auftauen kann.

1 Brote für jeden Tag

Schnelles Weißbrot

KLEIN 500 g:

325 g Weizenmehl Type 550
1 EL Milchpulver
2 TL Zucker
½ TL Salz
1 ¾ TL Trockenhefe
1 EL Sonnenblumenöl
200 ml warmes Wasser

MITTEL 750 g:

500 g Weizenmehl Type 550
2 EL Milchpulver
1 EL Zucker
1 TL Salz
2 ½ TL Trockenhefe
2 EL Sonnenblumenöl
300 ml warmes Wasser

GROSS 1 kg:

625 g Weizenmehl Type 550
3 EL Milchpulver
4 TL Zucker
1 ½ TL Salz
2 ¾ TL Trockenhefe
3 EL Sonnenblumenöl
400 ml warmes Wasser

Von Hand

1 Mehl, Milchpulver, Zucker, Salz und Hefe in einer großen Schüssel mischen. Öl hinzufügen und mit Wasser zu einem weichen Teig verarbeiten.

2 Den Teig auf einer bemehlten Arbeitsfläche 10 Minuten kneten, bis er glatt und elastisch ist. Anschließend in eine ausreichend große gefettete Backform legen.

3 Die Form locker mit Frischhaltefolie abdecken und an einem warmen Ort ca. 45 Minuten gehen lassen. Der Teig sollte bis zum Rand der Backform aufgegangen sein.

4 Frischhaltefolie entfernen und das Brot im vorgeheizten Backofen bei 200°C (Gas Stufe 6) 25 Minuten (500 g) bzw. 30 Minuten (750 g) oder 35 Minuten (1 kg) backen, bis das Brot goldbraun ist und hohl klingt, wenn man mit den Fingerspitzen darauf klopft. Eventuell nach 15 Minuten mit Alufolie abdecken, damit die Kruste nicht zu stark bräunt.

5 Die Backform herausnehmen (Ofenhandschuhe nicht vergessen!) und das Brot mit einem Palettenmesser aus der Form lösen. Auf einem Kuchengitter abkühlen lassen.

Im Brotbackautomaten

1 Backform aus dem Automaten nehmen und die Knethaken aufstecken. Wasser, Milchpulver und Öl hineingeben, Mehl und schließlich Zucker und Salz einfüllen. Eine Vertiefung in das Mehl drücken und die Hefe hineingeben (siehe Seite 14).

2 Backform in den Brotbackautomaten stellen und den Deckel schließen. Programm »Schnellbacken«/»Kurzbacken« sowie die entsprechende Brotgröße und den gewünschten Bräunungsgrad wählen. Starttaste drücken.

3 Nach Ablauf des Programms die Backform mit Ofenhandschuhen herausnehmen, das Brot mit einem Holzwender aus der Form lösen und auf einem Kuchengitter auskühlen lassen.

Ergibt 1 Laib

Tipp Bei diesem Rezept wird im Brotbackautomaten ausnahmsweise warmes Wasser verwendet. Es sollte am besten zwischen 30 bis 35°C warm sein, damit die Hefekulturen aktiviert werden, sobald sie mit dem Wasser in Berührung kommen.

Brote, die mit den Programmen »Schnellbacken« oder »Kurzbacken« hergestellt werden, sollten gleich nach Ablauf des Programms zum Abkühlen aus der Backform genommen werden, da das Brot durch die restliche Feuchtigkeit sonst pappig wird.

Schnelles Vollkornbrot

KLEIN (500 g):
175 g Weizenvollkornmehl
150 g Weizenmehl Type 550
2 TL Zucker
½ TL Salz
1 ¾ TL Trockenhefe
1 EL Sonnenblumenöl
200 ml warmes Wasser

MITTEL (750 g):
250 g Weizenvollkornmehl
250 g Weizenmehl Type 550
1 EL Zucker
1 TL Salz
2 ½ TL Trockenhefe
2 EL Sonnenblumenöl
300 ml warmes Wasser

GROSS (1 kg):
325 g Weizenvollkornmehl
300 g Weizenmehl Type 550
4 TL Zucker
1 ½ TL Salz
2 ¾ TL Trockenhefe
3 EL Sonnenblumenöl
400 ml warmes Wasser

Von Hand

1 Mehl, Zucker, Salz und Hefe in einer großen Schüssel vermengen. Öl hinzufügen und mit Wasser zu einem weichen Teig verarbeiten.

2 Den Teig auf einer bemehlten Arbeitsfläche 10 Minuten gründlich kneten, bis er glatt und elastisch ist. Anschließend in eine ausreichend große gefettete Backform legen.

3 Die Form locker mit eingeölter Frischhaltefolie abdecken und an einem warmen Ort ca. 45 Minuten gehen lassen. Der Teig sollte bis zum Rand der Backform aufgegangen sein.

4 Frischhaltefolie entfernen und das Brot im vorgeheizten Backofen bei 200°C (Gas Stufe 6) 25 Minuten (500 g) bzw. 30 Minuten (750 g) oder 35 Minuten (1 kg) backen, bis das Brot goldbraun ist und hohl klingt, wenn man mit den Fingerspitzen darauf klopft. Eventuell nach 15 Minuten mit Alufolie abdecken, damit die Kruste nicht zu stark bräunt.

5 Backform herausnehmen (Ofenhandschuhe nicht vergessen!) und das Brot mit einem Palettenmesser aus der Form lösen. Auf einem Kuchengitter abkühlen lassen.

Tipp Vergleichen Sie die in der Gebrauchsanweisung des eigenen Geräts angegebenen Hefemengen mit den entsprechenden Brotgrößen.

Im Brotbackautomaten

1 Backform aus dem Automaten nehmen und die Knethaken aufstecken. Wasser und Öl hineingeben, Mehl einfüllen und schließlich Zucker und Salz hinzufügen. Eine Vertiefung in das Mehl drücken und die Hefe hineinfüllen (siehe Seite 14).

2 Backform in den Brotbackautomaten stellen und den Deckel schließen. Programm »Schnellbacken«/»Kurzbacken« sowie die entsprechende Brotgröße und den gewünschten Bräunungsgrad wählen. Starttaste drücken.

3 Nach Ablauf des Programms die Backform mit Ofenhandschuhen herausnehmen. Das Brot mit einem Holzwender aus der Form lösen und auf einem Kuchengitter auskühlen lassen.

Ergibt 1 Laib

Helles Bauernbrot

Ein ideales Alltagsbrot, das das meiste aus Ihrem Brotbackautomaten holt – locker, leicht und einfach zu schneiden eignet es sich ideal als Pausenbrot oder Toast.

KLEIN (500 g)
300 g Weizenmehl Type 550
1 EL Butter
1 TL Zucker
½ TL Salz
1 TL Trockenhefe
175 ml warmes Wasser

MITTEL (750 g)
475 g Weizenmehl Type 550
2 EL Butter
1 ½ TL Zucker
1 TL Salz
1 ¼ TL Trockenhefe
275 ml warmes Wasser

GROSS (1 kg)
625 g Weizenmehl Type 550
3 EL Butter
2 TL Zucker
1 ½ TL Salz
1 ½ TL Trockenhefe
400 ml warmes Wasser

Von Hand

1 Mehl in eine große Schüssel geben, Butter hinzufügen und mit den Fingern vermengen, bis Streusel entstehen. Zucker, Salz und Hefe hinzufügen und alles mit Wasser zu einem weichen Teig verarbeiten.

2 Den Teig auf einer bemehlten Arbeitsfläche 5 Minuten kneten, bis er glatt und elastisch ist. Anschließend wieder in die Schüssel legen und mit Frischhaltefolie abgedeckt an einem warmen Ort ca. 45 Minuten zu doppelter Größe aufgehen lassen.

3 Danach den Teig nochmals auf einer bemehlten Arbeitsfläche gründlich durchkneten und in eine ausreichend große gefettete Backform geben.

4 Lose mit eingeölter Frischhaltefolie abdecken und weitere 30 Minuten an einem warmen Ort gehen lassen. Der Teig sollte bis zum Rand der Backform aufgegangen sein.

5 Frischhaltefolie entfernen und den Teig mit Mehl bestreuen. Im vorgeheizten Backofen bei 200°C (Gas Stufe 6) 25 Minuten (500 g) bzw. 30 Minuten (750 g) oder 35 Minuten (1 kg) backen. Nach 20 Minuten mit Alufolie abdecken, damit die Kruste nicht zu stark bräunt.

6 Die Backform herausnehmen (Ofenhandschuhe nicht vergessen!) und das Brot mit einem Palettenmesser aus der Form lösen. Auf einem Kuchengitter abkühlen lassen.

Im Brotbackautomaten

1 Backform aus dem Automaten nehmen und die Knethaken aufstecken. Kaltes Wasser und Butter hineingeben, Mehl einfüllen und schließlich Zucker und Salz hinzufügen. Eine Vertiefung in das Mehl drücken und die Hefe hineinfüllen (siehe Seite 14).

2 Backform in den Brotbackautomaten stellen und den Deckel schließen. Programm »Weißbrot« sowie die entsprechende Brotgröße und mittleren Bräunungsgrad wählen. Starttaste drücken.

3 Nach Ablauf des Programms die Backform mit Ofenhandschuhen herausnehmen, das Brot aus der Form lösen, mit Mehl bestreuen und auf einem Kuchengitter auskühlen lassen.

Ergibt 1 Laib

Tipp Für einen kleinen Laib 2 TL Milchpulver zum Teig geben (für 750 g 1 EL und für 1 kg entsprechend 2 EL verwenden). So bekommt das Brot eine schöne goldbraune Kruste.

Tipps und Tricks

Teig gehen lassen

- Wird der Teig mit Hefeteig Garant zubereitet, muss er vor dem Backen nur 15 Minuten bei Zimmertemperatur ruhen. Teig, der mit Tockenbackhefe zubereitet wird, muss dagegen an einem warmen Ort aufgehen, bis er sich sichtbar vergrößert hat. Geeignete Plätze hierfür sind:
  - Backofen: Rührschüssel mit einem Geschirrtuch zugedeckt bei 50°C (Ober-/Unterhitze) in den Backofen stellen und die Backofentür mit z.B. einem Holzlöffel geöffnet halten. Den Teig so lange gehen lassen, bis er sich sichtbar vergrößert hat.
  - Mikrowelle: Teig in der Rührschüssel zudecken: Am besten mit einem feuchten Geschirrtuch, denn im feuchten Zustand kann das Tuch nicht am Teig fest kleben; außerdem wirkt sich die Feuchtigkeit positiv auf den Teig aus, da so die Oberfläche nicht austrocknen kann. Mikrowelle dann auf 80 max. 90 Watt stellen. Teig etwa 8 Minuten gehen lassen. Bei Mikrowellengeräten ohne Drehteller Teig nach 4 Minuten drehen.
- Der Teig kann auch bei Zimmertemperatur (18- 21°C) gehen. Es dauert jedoch länger bis die Hefepilze ihre Wirkung entfaltet haben.
- Wichtig ist in jedem Fall, dass keine Zugluft an den Teig kommt und dass der Teig zugedeckt ist.
- Der Teig ist aufgegangen, wenn er eine seidige Oberfläche besitzt und gleichmäßig aufgegangen ist. Bleibt der Teig klein und klebt beim Kneten, so ist er nicht aufgegangen. Ist er trocken, rissig und locker, so ging er zu lange.

Kalte Zutaten und Hefeteig

- Hefeteig Garant kann mit kalten Zutaten verarbeitet werden. Das Erwärmen der Flüssigkeit entfällt so und spart Zeit.
- Trockenbackhefe kann nur dann mit kalten Zutaten verarbeitet werden, wenn der Teig über Nacht im Kühlschrank „gehen“ soll.

Teig im Kühlschrank gehen lassen

Den Hefeteig aus kalten Zutaten zubereiten. In der Schüssel mit einem feuchten Geschirrtuch zudecken oder mit Öl bepinseln und über Nacht im Kühlschrank gehen lassen. Diese Variante wird besonders bei Misch- und Vollkornbroten empfohlen. Kleber und Stärke haben so reichlich Zeit zum Quellen. Die Hefe arbeitet verstärkt und es entsteht eine sehr feine Porung, die lange frisch hält.

Die einzelnen Arbeitsgänge bei der Verwendung von Trockenbackhefe

1. Das Mehl in eine Rührschüssel sieben und die Trockenbackhefe gleichmäßig mit einer Gabel unterrühren.

2. Die restlichen im Rezept angegebenen Zutaten hinzufügen. Nur in Verbindung mit Wärme entfaltet Hefe ihre volle Triebkraft, deshalb sollten die Flüssigkeiten mit etwa 37°C handwarm sein. Früchte, Nüsse, Käse oder ähnliches sollten erst nach dem eigentlichen Knetvorgang untergeknetet werden, um die Zutaten nicht zu zerstören.

3. Der Hefeteig muss nun gut durchgeknetet werden. Zunächst mit einem Handrührgerät mit Knethaken auf niedrigster, danach auf höchster Stufe etwa 5 Minuten zu einem glatten Teig verarbeiten.

4. Den Hefeteig nicht sofort backen, sondern mit einem Geschirrtuch zugedeckt an einem warmen Ort gehen lassen, bis er sich sichtbar vergrößert hat (20–30 Minuten). Um die Gehzeiten zu verkürzen, bieten sich verschiedene Methoden an, die unter Tipps und Tricks erläutert werden.

5. Den Teig nach der ersten Gehzeit wiederholt gut durchkneten und je nach Rezept weiterverarbeiten. Anschließend in der Form oder auf dem Blech – falls nötig (nach Rezept) - nochmals an einem warmen Ort zugedeckt gehen lassen. Nun nach Rezeptangabe backen.

Die einzelnen Arbeitsgänge bei der Verwendung von Hefeteig Garant

1. Hefeteig Garant zuerst sorgfältig mit dem Mehl vermischen. 1 Päckchen Hefeteig Garant reicht aus für ein Rezept mit 375 g Weizenmehl.

2. Alle übrigen im Rezept angegebenen Teigzutaten zufügen (Milch und Fett muss bei Hefeteig Garant nicht erwärmt werden!) Alles mit einem Handrührgerät (Knethaken) etwa 2 Minuten zu einem glatten Teig verarbeiten. Eine Gehzeit ist nicht erforderlich!

3. Teig sofort nach Rezept weiterverarbeiten bzw. in eine Backform geben, nur 15 Minuten ruhen lassen und dann backen. Die Herdeinstellung und Backzeit richtet sich nach den Angaben im jeweiligen Rezept.

Helles Schrotbrot

KLEIN (500 g):

15 g (1 EL) grober Getreideschrot
300 g Weizenmehl Type 550
1 TL Zucker
½ TL Salz
25 g Hirseflocken
1 TL Trockenhefe
1 EL Sonnenblumenöl
150 ml Wasser

MITTEL (750 g):

25 g (2 TL) grober Getreideschrot
400 g Weizenmehl Type 550
2 TL Zucker
1 TL Salz
50 g Hirseflocken
1 ¼ TL Trockenhefe
2 EL Sonnenblumenöl
250 ml Wasser

GROSS (1 kg):

50 g grober Getreideschrot
550 g Weizenmehl Type 550
3 TL Zucker
1 ½ TL Salz
75 g Hirseflocken
1 ½ TL Trockenhefe
3 EL Sonnenblumenöl
350 ml Wasser

Von Hand

1 Wie rechts unter Schritt 1 beschrieben vorgehen.

2 Mehl, Salz, Zucker und Hirseflocken in eine große Schüssel geben und die Hefe einrühren. Öl sowie abgetropften Getreideschrot hinzufügen (1 EL zurückbehalten) und alles mit warmem Wasser zu einem weichen Teig verarbeiten.

3 Auf einer bemehlten Arbeitsfläche 5 Minuten kneten, bis der Teig glatt und elastisch ist. Den Teig wieder in die Schüssel legen und mit eingeölter Frischhaltefolie abgedeckt an einem warmen Ort ca. 1 Stunde zu doppelter Größe aufgehen lassen.

4 Den Teig auf einer bemehlten Arbeitsfläche nochmals gründlich durchkneten und in eine ausreichend große gefettete Backform geben.

5 Locker mit eingeölter Frischhaltefolie abdecken und an einem warmen Ort weitere 30 Minuten gehen lassen. Der Teig sollte bis zum Rand der Backform aufgegangen sein.

6 Frischhaltefolie entfernen und das Brot im vorgeheizten Backofen bei 200°C (Gas Stufe 6) 25 Minuten (500 g) bzw. 30 Minuten (750 g) oder 35 Minuten (1 kg) backen, bis es goldbraun ist und hohl klingt, wenn man mit den Fingerspitzen darauf klopft. Eventuell nach 15 Minuten mit Alufolie abdecken, damit die Kruste nicht zu stark bräunt.

7 Die Backform herausnehmen (Ofenhandschuhe nicht vergessen!) und das Brot mit einem Palettenmesser aus der Form lösen. Auf einem Kuchengitter abkühlen lassen.

Im Brotbackautomaten

1 Geschrotetes Getreide in einen kleinen Topf geben und mit kaltem Wasser bedecken. Aufkochen und 2 Minuten kochen lassen. Anschließend abgießen und auskühlen lassen.

2 Backform aus dem Automaten nehmen und die Knethaken aufstecken. Wasser, Öl und geschrotetes Getreide hineingeben (1 EL Hafergrütze zurückbehalten). Hirseflocken, Mehl und schließlich Zucker und Salz hinzufügen. Eine Vertiefung in das Mehl drücken und die Hefe hineinfüllen (siehe Seite 14).

3 Backform in den Brotbackautomaten stellen und den Deckel schließen. Programm »Weißbrot« sowie die entsprechende Brotgröße und mittleren Bräunungsgrad wählen. Starttaste drücken. Restlichen Getreideschrot kurz vor dem Beginn des eigentlichen Backvorgangs auf den Brotteig streuen. Deckel schließen und Programm beenden lassen.

4 Backform mit Ofenhandschuhen herausnehmen. Das Brot mit einem Holzwender aus der Form lösen, mit Mehl bestreuen und auf einem Kuchengitter auskühlen lassen.

Ergibt 1 Laib

Tipp Getreideschrot ist grob zerkleinertes Getreide. Es enthält viele Proteine und ist im Naturkosthandel oder direkt bei Mühlenbetrieben erhältlich.

Mischbrot

KLEIN (500 g):

200 g Weizenmehl Type 1050
50 g Weizenflocken
50 g Backmalz
1 EL Butter
1 TL Salz
2 TL brauner Zucker
1 TL Trockenhefe
200 ml Wasser

MITTEL (750 g):

330 g Weizenmehl Type 1050
85 g Weizenflocken
85 g Backmalz
2 EL Butter
1 ½ TL Salz
1 EL brauner Zucker
1 ¼ TL Trockenhefe
300 ml Wasser

GROSS (1 kg):

415 g Weizenmehl Type 1050
105 g Weizenflocken
105 g Backmalz
3 EL Butter
2 TL Salz
4 TL brauner Zucker
1 ½ TL Trockenhefe
400 ml Wasser

Von Hand

1 Mehl, Weizenflocken und Backmalz in eine große Schüssel geben, Butter hinzufügen und alles mit den Fingern vermengen, bis Streusel entstehen. Zucker, Salz und Hefe hinzufügen und alles mit warmem Wasser zu einem weichen Teig verarbeiten.

2 Auf einer bemehlten Arbeitsfläche 5 Minuten kneten, bis der Teig glatt und elastisch ist. Danach wieder in die Schüssel legen und mit eingeölter Frischhaltefolie abgedeckt an einem warmen Ort ca. 1 Stunde zu doppelter Größe aufgehen lassen.

3 Teig auf einer bemehlten Arbeitsfläche nochmals gründlich durchkneten. Ist der Teig klebrig, noch etwas Mehl einarbeiten und anschließend in eine ausreichend große, gefettete Backform geben.

4 Mit Frischhaltefolie abgedeckt an einem warmen Ort weitere 30 Minuten gehen lassen. Der Teig sollte bis zum Rand der Backform aufgegangen sein.

5 Frischhaltefolie entfernen und im vorgeheizten Backofen bei 200°C (Gas Stufe 6) 25–30 Minuten (500 g) bzw. 30–35 Minuten (750 g) oder 35–40 Minuten (1 kg) backen, bis das Brot goldbraun ist und hohl klingt, wenn man mit den Fingerspitzen darauf klopft. Eventuell nach 15 Minuten mit Alufolie abdecken, damit die Kruste nicht zu stark bräunt.

6 Backform herausnehmen (Ofenhandschuhe nicht vergessen!) und das Brot mit einem Palettenmesser aus der Form lösen. Auf einem Kuchengitter abkühlen lassen.

Im Brotbackautomaten

1 Backform aus dem Automaten nehmen und die Knethaken aufstecken. Kaltes Wasser und Butter hineingeben, anschließend Mehl, Weizenflocken, Backmalz, Zucker und Salz hinzufügen. Eine Vertiefung in die Mehlmischung drücken und die Hefe hineinfüllen (siehe Seite 14).

2 Backform in den Brotbackautomaten stellen und den Deckel schließen. Programm »Vollkornbrot« sowie entsprechende Brotgröße und gewünschten Bräunungsgrad wählen. Starttaste drücken.

3 Nach Ablauf des Programms Backform mit Ofenhandschuhen herausnehmen. Das Brot mit einem Holzwender aus der Form lösen, mit Mehl bestreuen und auf einem Kuchengitter auskühlen lassen.

Ergibt 1 Laib

> **Tipp** Ist die Teigstruktur zu fest, sollte man etwas Hefe, Zitronensaft oder eine zerdrückte Vitamin-C-Tablette hinzufügen.

Weizenkeim-Honig-Brot

Während des Mahlvorgangs wird der Weizenkeim entfernt. Bei diesem leckeren Sandwichbrot werden Weizenkeime wieder hinzugefügt und sorgen so für einen nährstoffreichen Brotgenuss.

475 g Weizenmehl Type 550
50 g Weizenkeime
1 TL Salz
2 EL Butter
1 ¼ TL Trockenhefe
2 TL flüssiger Honig
275 ml Wasser
1 Eigelb zum Bestreichen
2 EL Sesam

Von Hand

1 Mehl, Weizenkeime und Salz in eine große Schüssel geben, Butter hinzufügen und alles mit den Fingern vermengen, bis Streusel entstehen. Hefe und Honig hinzufügen. Nach und nach warmes Wasser hinzugeben und alles zu einem weichen Teig verarbeiten.

2 Den Teig auf einer bemehlten Arbeitsfläche 5 Minuten kneten, bis er glatt und elastisch ist. Den Teig wieder in die Schüssel legen und mit eingeölter Frischhaltefolie abgedeckt an einem warmen Ort ca. 1 Stunde zu doppelter Größe aufgehen lassen.

3 Auf einer bemehlten Arbeitsfläche nochmals gründlich durchkneten und zu einem großen, ovalen Laib formen. Teig auf ein gefettetes Backblech geben und die Oberfläche in Abständen von ca. 2,5 cm mit einem scharfen Messer einschneiden.

4 Mit eingeölter Frischhaltefolie abgedeckt weitere 30 Minuten gehen lassen, bis der Teig um etwa die Hälfte aufgegangen ist.

5 Eigelb mit 1 EL Wasser verquirlen und das Brot bestreichen. Im vorgeheizten Backofen bei 200°C (Gas Stufe 6) 10 Minuten backen. Anschließend nochmals bestreichen und mit Sesam bestreuen. Weitere 15–20 Minuten backen, bis das Brot goldbraun ist und hohl klingt, wenn man mit den Fingerspitzen darauf klopft.

6 Die Backform herausnehmen und das Brot mit einem Palettenmesser aus der Form lösen. Auf einem Kuchengitter abkühlen lassen.

Im Brotbackautomaten

1 Backform aus dem Automaten nehmen und Knethaken aufstecken. Kaltes Wasser, Butter und Honig hineingeben, anschließend Mehl und Weizenkeime darüber streuen und Salz hinzufügen. Eine Vertiefung in das Mehl drücken und die Hefe hineinfüllen (siehe Seite 14).

2 Backform in den Brotbackautomaten stellen und Deckel schließen. Programm »Teig« wählen. Starttaste drücken.

3 Nach Ablauf des Programms die Backform herausnehmen und den Teig auf einer bemehlten Arbeitsfläche, wie links unter Schritt 3 beschrieben, weiterverarbeiten.

Ergibt 1 großen Laib

Haferflockenbrot

475 g Weizenvollkornmehl
2 EL Butter
¼ Vitamin-C-Tablette, zerdrückt
1 ½ TL Salz
4 TL dunkler Rohrzucker
100 g Haferflocken
1 ¼ TL Trockenhefe
350 ml Wasser

Von Hand

1 Mehl in eine große Schüssel geben, Butter hinzufügen und alles mit den Fingern vermengen, bis Streusel entstehen. Die zerdrückte Vitamin-C-Tablette hinzufügen und mit Zucker, Salz, Haferflocken und Hefe unter das Mehl rühren. Anschließend mit Wasser zu einem weichen Teig verarbeiten.

2 Auf einer bemehlten Arbeitsfläche 5 Minuten kneten, bis der Teig glatt und elastisch ist. Dann wieder in die Schüssel legen und mit eingeölter Frischhaltefolie abgedeckt an einem warmen Ort ca. 1 Stunde zu doppelter Größe aufgehen lassen.

3 Den Teig auf einer bemehlten Arbeitsfläche nochmals gründlich durchkneten und in eine gefettete runde Backform (ca. 20 cm Durchmesser) geben.

4 Mit eingeölter Frischhaltefolie abgedeckt an einem warmen Ort weitere 30 Minuten gehen lassen. Der Teig sollte bis zum Rand der Backform aufgegangen sein.

5 Frischhaltefolie entfernen und das Brot im vorgeheizten Backofen bei 200°C (Gas Stufe 6) 35–40 Minuten backen, bis es goldbraun ist und hohl klingt, wenn man mit den Fingerspitzen darauf klopft.

6 Die Backform herausnehmen (Ofenhandschuhe nicht vergessen!) und das Brot mit einem Palettenmesser aus der Form lösen. Auf einem Kuchengitter abkühlen lassen.

Im Brotbackautomaten

1 Backform aus dem Automaten nehmen und die Knethaken aufstecken. Kaltes Wasser, Butter und Zucker hineingeben. Anschließend Mehl, Haferflocken und Salz hinzufügen. Eine Vertiefung in das Mehl drücken und die Hefe zusammen mit der zerdrückten Vitamin-C-Tablette hineinfüllen (siehe Seite 14).

2 Backform in den Brotbackautomaten stellen und Deckel schließen. Programm »Vollkornbrot« sowie Brotgröße 750 g und den gewünschten Bräunungsgrad wählen. Starttaste drücken.

3 Nach Ablauf des Programms die Backform mit Ofenhandschuhen herausnehmen. Das Brot mit einem Holzwender aus der Form lösen, mit Mehl bestreuen und auf einem Kuchengitter auskühlen lassen.

Ergibt 1 großen Laib

Tipp Statt dunklen Rohrzucker kann man auch Zuckerrübensirup verwenden.

Leinsamen-Dinkel-Brot

Dinkel ist eine Urform des Weizens und wurde schon von den Römern angebaut. Das volle Aroma des Dinkelmehls harmoniert besonders gut mit dem nussigen Geschmack von Leinsamen.

475 g Dinkelmehl
1 TL Salz
1 EL heller Rohrzucker
50 g Goldleinsaat
2 ½ TL Trockenhefe
2 EL Sonnenblumenöl
300 ml warmes Wasser
Milch zum Bestreichen
Leinsamen zum Bestreuen

Von Hand

1 Mehl in eine große Schüssel geben und mit Salz, Zucker, Leinsaat und Hefe vermengen. Öl hinzufügen und mit warmem Wasser zu einem weichen Teig verarbeiten.

2 Den Teig auf einer bemehlten Arbeitsfläche 5 Minuten kneten, bis er glatt und elastisch ist und zu einem großen, ovalen Laib formen (ca. 23 cm Länge). Auf ein gefettetes Backblech geben und der Länge nach einschneiden.

3 Locker mit eingeölter Frischhaltefolie abdecken und an einem warmen Ort ca. 45 Minuten gehen lassen, bis der Teig um etwa die Hälfte aufgegangen ist.

4 Frischhaltefolie entfernen, Brotoberfläche mit Milch bestreichen und mit Leinsamen bestreuen. Das Brot anschließend im vorgeheizten Backofen bei 200°C (Gas Stufe 6) 25–30 Minuten backen, bis es goldbraun ist und hohl klingt, wenn man mit den Fingerspitzen darauf klopft.

5 Die Backform herausnehmen (Ofenhandschuhe nicht vergessen!) und das Brot mit einem Palettenmesser aus der Form lösen. Auf einem Kuchengitter abkühlen lassen.

Im Brotbackautomaten

1 Backform aus dem Automaten nehmen und die Knethaken aufstecken. Warmes Wasser und Öl hineingeben, anschließend Mehl, Salz, Zucker und Leinsaat hinzufügen. Eine Vertiefung in das Mehl drücken und die Hefe hineinfüllen (siehe Seite 14).

2 Backform in den Automaten stellen, den Teig mit Milch bestreichen und mit Leinsamen bestreuen. Deckel schließen und das Programm »Schnellbacken«/»Kurzbacken« sowie Brotgröße 750 g und den gewünschten Bräunungsgrad wählen. Starttaste drücken.

3 Nach Ablauf des Programms die Backform mit Ofenhandschuhen herausnehmen. Das Brot mit einem Holzwender aus der Form lösen und auf einem Kuchengitter auskühlen lassen.

Ergibt 1 großen Laib

Tipp Wählt man ein längeres Programm, sollte die Hälfte des Dinkelmehls durch Weizenmehl ersetzt werden, da die Teigstruktur sonst zu kompakt wird.

2 Rustikale Brote

Mehrkornbrot

Durch den Zusatz verschiedener Ölsaaten ist dieses Brot reich an wertvollen Inhaltsstoffen. Mit Marmelade, pikantem Brotbelag oder einfach nur mit Butter bestrichen schmeckt es einfach köstlich!

380 g Weizenmehl Type 1050
20 g Roggenmehl
60 g Weizenflocken
15 g Backmalz
2 EL Butter
1 EL brauner Zucker
1 ½ TL Salz
3 EL Sesam
3 EL Sonnenblumenkerne
3 EL Leinsaat
1 ¼ TL Trockenhefe
300 ml Wasser
Milch zum Bestreichen
Leinsamen zum Bestreuen (nach Belieben)

Von Hand

1 Mehl in eine große Schüssel geben, Butter hinzufügen und alles mit den Fingern vermengen, bis Streusel entstehen. Zucker, Salz, Ölsaaten und Hefe unter das Mehl rühren. Nach und nach Wasser hinzufügen und alles zu einem weichen Teig verarbeiten.

2 Auf einer bemehlten Arbeitsfläche 5 Minuten kneten, bis der Teig glatt und elastisch ist. Danach wieder in die Schüssel legen, locker mit eingeölter Frischhaltefolie abdecken und an einem warmen Ort ca. 1 Stunde zu doppelter Größe aufgehen lassen.

3 Teig auf einer bemehlten Arbeitsfläche weitere 5 Minuten gründlich durchkneten und in eine gefettete runde Backform (ca. 20 cm Durchmesser) legen.

4 Mit eingeölter Frischhaltefolie abgedeckt an einem warmen Ort weitere 30 Minuten gehen lassen. Der Teig sollte bis zum Rand der Backform aufgegangen sein.

5 Frischhaltefolie entfernen, Brot mit Milch bestreichen und nach Belieben mit Körnern bestreuen. Anschließend im vorgeheizten Backofen bei 200°C (Gas Stufe 6) 30–35 Minuten backen, bis das Brot goldbraun ist und hohl klingt, wenn man mit den Fingerspitzen darauf klopft. Nach 15 Minuten Backzeit mit Alufolie abdecken, damit die Kruste nicht zu stark bräunt.

6 Backform herausnehmen (Ofenhandschuhe nicht vergessen!) und das Brot mit einem Palettenmesser aus der Form lösen. Auf einem Kuchengitter abkühlen lassen.

Im Brotbackautomaten

1 Backform aus dem Automaten nehmen und die Knethaken aufstecken. Kaltes Wasser und Butter hineingeben. Anschließend Mehl, Zucker, Salz und Ölsaaten hinzufügen. Eine Vertiefung in das Mehl drücken und die Hefe hineinfüllen (siehe Seite 14).

2 Backform in den Brotbackautomaten stellen und den Deckel schließen. Programm »Vollkornbrot« sowie Brotgröße 750 g und gewünschten Bräunungsgrad wählen. Starttaste drücken.

3 Kurz vor Beginn des eigentlichen Backvorgangs den Teig mit etwas Milch bestreichen und mit einigen Körnern bestreuen. Anschließend den Deckel schließen und das Programm beenden lassen.

4 Backform mit Ofenhandschuhen herausnehmen und das Brot mit einem Holzwender aus der Form lösen. Mit Mehl bestreuen und auf einem Kuchengitter auskühlen lassen.

Ergibt 1 großen Laib

Salbei-Parmesan-Stangen

Besonders gut schmecken die baguetteförmigen Brote zu Pastagerichten mit Tomatensoße oder als leckere Bruschetta. Die Reste kann man als Croûtons über eine Suppe streuen.

400 g Weizenmehl Type 1050
20 g Roggenmehl
65 g Weizenflocken
15 g Backmalz
65 g Parmesan, gerieben
3 EL frischer gehackter Salbei oder 2 TL getrockneter Salbei
1 ½ TL Salz
1 ½ TL Trockenhefe
3 EL Olivenöl
1 EL Honig
300 ml Wasser
Mehl oder Parmesan zum Bestäuben

Von Hand

1 Mehl, Weizenflocken und Backmalz in eine große Schüssel geben. Käse, Salbei, Salz, Hefe und anschließend Öl und Honig hinzufügen. Alles mit warmem Wasser zu einem weichen Teig verarbeiten.

2 Auf einer bemehlten Arbeitsfläche 5 Minuten kneten, bis der Teig glatt und elastisch ist. Wieder in die Schüssel legen und an einem warmen Ort locker mit geölter Frischhaltefolie abgedeckt ca. 1 Stunde zu doppelter Größe aufgehen lassen.

3 Teig auf einer bemehlten Arbeitsfläche nochmals gründlich durchkneten, in drei gleich große Portionen teilen und zu 30 cm langen Rollen formen. Auf ein gefettetes Backblech legen, dabei genug Zwischenraum lassen, damit die Brote genug Platz zum Aufgehen haben.

4 Brote mehrmals schräg einschneiden und mit eingeölter Frischhaltefolie abgedeckt an einem warmen Ort weitere 30 Minuten gehen lassen.

5 Frischhaltefolie entfernen, Brote mit etwas Mehl oder Parmesan bestreuen und anschließend im vorgeheizten Backofen bei 200°C (Gas Stufe 6) 15 Minuten backen, bis sie goldbraun sind und hohl klingen, wenn man mit den Fingerspitzen darauf klopft.

6 Backblech herausnehmen (Ofenhandschuhe nicht vergessen!) und das Brot mit einem Palettenmesser lösen. Auf einem Kuchengitter abkühlen lassen.

Im Brotbackautomaten

1 Backform aus dem Automaten nehmen und die Knethaken aufstecken. Kaltes Wasser, Öl, Honig, Parmesan und Salbei hineingeben. Anschließend Mehle, Weizenflocken, Backmalz und Salz hinzufügen. Eine Vertiefung in das Mehl drücken und die Hefe hineinfüllen (siehe Seite 14).

2 Backform in den Brotbackautomaten stellen und den Deckel schließen. Programm »Teig« wählen und die Starttaste drücken.

3 Nach Ablauf des Programms die Backform herausnehmen und den Teig auf einer bemehlten Arbeitsfläche, wie links unter Schritt 3 beschrieben, weiterverarbeiten.

Ergibt 3 Laibe

> **Tipp** An Stelle von Salbei kann man auch frisches Basilikum, Schnittlauch, Majoran oder getrocknete Kräuter der Provence verwenden.

Müslibrot mit Früchten

475 g Weizenmehl Type 550
2 EL Milchpulver
3 EL heller brauner Rohrzucker
1 TL Salz
1 TL Zimt
2 EL Butter
100 g Früchtemüsli
1 ¼ TL Trockenhefe
300 ml Wasser
100 g getrocknete Aprikosen
50 g getrocknete Preiselbeeren

GLASUR UND DEKO:
1 Eigelb zum Bestreichen
3 EL Müsli zum Bestreuen

Von Hand

1 Mehl, Milchpulver, Zucker, Salz und Zimt in eine große Schüssel geben, Butter hinzufügen und mit den Fingern vermengen, bis Streusel entstehen. Anschließend Müsli und Hefe hinzufügen. Nach und nach warmes Wasser hinzugeben, bis ein weicher Teig entsteht.

2 Auf einer bemehlten Arbeitsfläche 5 Minuten kneten, bis der Teig glatt und elastisch ist. Dann wieder in die Schüssel legen, locker mit eingeölter Frischhaltefolie abdecken und an einem warmen Ort ca. 1 Stunde zu doppelter Größe aufgehen lassen.

3 Teig auf einer bemehlten Arbeitsfläche nochmals gründlich durchkneten und nach und nach gehackte Aprikosen und Preiselbeeren einarbeiten.

4 Den Teig zu einer Kugel formen und in eine runde, gefettete Backform legen. Locker mit eingeölter Frischhaltefolie abdecken und an einem warmen Ort weitere 30 Minuten gehen lassen. Der Teig sollte bis zum Rand der Backform aufgegangen sein.

5 Frischhaltefolie entfernen, Eigelb mit 1 EL Wasser verquirlen und das Brot damit bestreichen. Mit Müsli bestreuen und anschließend im vorgeheizten Backofen bei 200°C (Gas Stufe 6) 35–40 Minuten backen, bis das Brot goldbraun ist und hohl klingt, wenn man mit den Fingerspitzen darauf klopft. Nach 15 Minuten Backzeit mit Alufolie abdecken, damit die Kruste nicht zu stark bräunt.

6 Backform herausnehmen (Ofenhandschuhe nicht vergessen!) und das Brot mit einem Palettenmesser aus der Form lösen. Auf einem Kuchengitter abkühlen lassen.

Im Brotbackautomaten

1 Backform aus dem Automaten nehmen und die Knethaken aufstecken. Kaltes Wasser, Milchpulver, Butter, Zucker, Salz und Zimt hinzufügen.

2 Mehl und Müsli über die flüssigen Zutaten streuen, eine Vertiefung in die Mehlmischung drücken und die Hefe hineinfüllen (siehe Seite 14).

3 Backform in den Automaten stellen und Deckel schließen. Programm »Teig« wählen und die Starttaste drücken.

4 Nach Ablauf des Programms die Backform herausnehmen und den Teig auf einer bemehlten Arbeitsfläche, wie links unter Schritt 3 beschrieben, weiterverarbeiten.

Ergibt 1 großen Laib

Tipp Das Brot kann in einer 2,5 Liter fassenden Backform gemischt und gebacken werden, dabei aber zunächst nur die Hälfte des Trockenobstes verwenden. Die andere Hälfte nach dem ersten Signalton hinzufügen.

Bierstangen

Dieses etwas ungewöhnliche Brot wird mit Lager oder einem anderen obergärigen Bier hergestellt, wodurch die leichten, dünnen Weißbrotstangen wunderbar aufgehen, aber nur einen sehr milden Biergeschmack entwickeln. Sie passen wunderbar zu Salaten oder herzhaften Fleischpasteten.

425 g Weizenmehl Type 550
1 TL Salz
1 TL Trockenhefe
2 EL Olivenöl
2 TL flüssiger Honig
250 ml helles Lagerbier
Mehl zum Bestäuben

Von Hand

1 Mehl, Salz und Hefe in einer großen Schüssel vermengen. Öl und Honig hinzufügen. Das in einem Topf leicht erwärmte Bier nach und nach hinzufügen und alles zu einem weichen Teig verarbeiten.

2 Auf einer bemehlten Arbeitsfläche 10 Minuten kneten, bis er glatt und elastisch ist. In eine Schüssel legen und mit eingeölter Frischhaltefolie abgedeckt an einem warmen Ort ca. 1 Stunde zu doppelter Größe aufgehen lassen.

3 Den gegangenen Teig auf einer bemehlten Arbeitsfläche nochmals gründlich durchkneten, in 4 Portionen teilen und zu je 30 cm langen Rollen formen.

4 Teigrollen auf ein gefettetes Backblech legen, locker mit eingeölter Frischhaltefolie abdecken und weitere 30 Minuten gehen lassen, bis der Teig um etwa die Hälfte aufgegangen ist.

5 Anschließend den Teig mit etwas Mehl bestreuen und im vorgeheizten Backofen bei 225°C (Gas Stufe 7) 8–10 Minuten backen, bis die Brote goldbraun sind und hohl klingen, wenn man darauf klopft.

6 Backblech herausnehmen (Ofenhandschuhe nicht vergessen!) und das Brot auf einem Kuchengitter abkühlen lassen.

Im Brotbackautomaten

1 Backform aus dem Automaten nehmen und die Knethaken aufstecken. Bier, Öl und Honig hineingeben, Mehl darüber streuen und Salz hinzufügen. Eine Vertiefung in das Mehl drücken und die Hefe hineinfüllen (siehe Seite 14).

2 Backform in den Automaten stellen und Deckel schließen. Programm »Teig« wählen und die Starttaste drücken.

3 Nach Ablauf des Programms die Backform herausnehmen und den Teig auf einer bemehlten Arbeitsfläche, wie links unter Schritt 3 beschrieben, weiterverarbeiten.

Ergibt 4 Laibe

Tipp Da dieses Brot Bier enthält, sollte keine Zeitverzögerung programmiert werden.

Roggenmischbrot mit Sauerrahm

Durch die Verwendung von Sauerrahm oder Crème fraîche wird das Roggenmischbrot herrlich luftig – ideal zum Belegen mit geräuchertem Lachs!

175 g Roggenmehl Type 1150
115 g Weizenmehl Type 1050
125 g Weizenmehl Type 550
30 g Weizenflocken
30 g Backmalz
2 TL Kümmel
1 ½ TL Salz
1 ¼ TL Trockenhefe
150 ml Sauerrahm oder Crème fraîche
1 EL frisch gepresster Zitronensaft
2 EL dunkler Rohrzucker
250 ml Wasser

Von Hand

1 Mehl, Weizenflocken und Backmalz in eine große Schüssel geben. Kümmel, Salz, Hefe und anschließend Sauerrahm, Zitronensaft und Zucker hinzufügen. Nach und nach mit warmem Wasser zu einem weichen Teig verarbeiten.

2 Auf einer bemehlten Arbeitsfläche 5 Minuten kneten, bis er glatt und elastisch ist. Dann wieder in die Schüssel legen, locker mit eingeölter Frischhaltefolie abdecken und an einem warmen Ort ca. 1 Stunde zu doppelter Größe aufgehen lassen.

3 Anschließend den Teig auf einer bemehlten Arbeitsfläche nochmals gründlich durchkneten und zu einem runden Laib formen (ca. 15 cm Durchmesser).

4 Laib auf ein gefettetes Backblech legen und die Oberfläche mit einem scharfen Messer sternförmig einritzen. Locker mit eingeölter Frischhaltefolie abgedeckt weitere 30 Minuten an einem warmen Ort gehen lassen, bis der Teig um etwa die Hälfte aufgegangen ist.

5 Frischhaltefolie entfernen und das Brot im vorgeheizten Backofen bei 200°C (Gas Stufe 6) 25–30 Minuten backen, bis es goldbraun ist und hohl klingt, wenn man mit den Fingerspitzen darauf klopft.

6 Backblech herausnehmen (Ofenhandschuhe nicht vergessen!) und das Brot mit einem Palettenmesser lösen. Auf einem Kuchengitter abkühlen lassen.

Im Brotbackautomaten

1 Backform aus dem Automaten nehmen und die Knethaken aufstecken. Kaltes Wasser, Sauerrahm, Zitronensaft, Zucker und Kümmel einfüllen.

2 Mehl, Weizenflocken, Backmalz und Salz hinzufügen. Eine Vertiefung in die Mehlmischung drücken und die Hefe hineinfüllen (siehe Seite 14).

3 Backform in den Automaten stellen und Deckel schließen. Programm »Teig« wählen und die Starttaste drücken.

4 Nach Ablauf des Programms die Backform herausnehmen und den Teig auf einer bemehlten Arbeitsfläche, wie links unter Schritt 3 beschrieben, weiterverarbeiten.

Ergibt 1 großen Laib

Buchweizen-Walnuss-Brot

175 g Buchweizenmehl
150 g Weizenvollkornmehl
150 g Weizenmehl Type 550
1 EL brauner Zucker
1 ½ TL Salz
1 ½ TL Trockenhefe
2 EL Olivenöl
325 ml Wasser
150 g gehackte Walnüsse
Mehl zum Bestäuben

Von Hand

1 Mehl, Zucker, Salz und Hefe in eine große Schüssel geben. Öl hinzufügen und mit warmem Wasser zu einem weichen Teig verarbeiten.

2 Auf einer bemehlten Arbeitsfläche 5 Minuten kneten, bis der Teig glatt und elastisch ist. Gehackte Walnüsse einarbeiten und den Teig anschließend wieder in die Schüssel legen. Locker mit eingeölter Frischhaltefolie abdecken und an einem warmen Ort ca. 1 Stunde zu doppelter Größe aufgehen lassen.

3 Teig auf einer bemehlten Arbeitsfläche erneut gründlich durchkneten und zu einem länglichen Laib formen (ca. 28 x 10 cm).

4 Laib auf ein gefettetes Backblech legen und die Oberfläche mit einem scharfen Messer gitterförmig einritzen (siehe Seite 21). Locker mit eingeölter Frischhaltefolie abdecken und an einem warmen Ort weitere 30 Minuten gehen lassen, bis der Teig um etwa die Hälfte aufgegangen ist.

5 Frischhaltefolie entfernen, mit etwas Mehl bestäuben und das Brot im vorgeheizten Backofen bei 200°C (Gas Stufe 6) 20–25 Minuten backen, bis es goldbraun ist und hohl klingt, wenn man mit den Fingerspitzen darauf klopft.

6 Backblech herausnehmen (Ofenhandschuhe nicht vergessen!) und das Brot mit einem Palettenmesser lösen. Auf einem Kuchengitter abkühlen lassen.

Im Brotbackautomaten

1 Backform aus dem Automaten nehmen und die Knethaken aufstecken. Kaltes Wasser und Öl einfüllen. Anschließend Mehl und Salz hinzufügen. Eine Vertiefung in das Mehl drücken und die Hefe hineinfüllen (siehe Seite 14).

2 Backform in den Automaten stellen und den Deckel schließen. Programm »Teig« wählen und die Starttaste drücken.

3 Nach dem ersten Signalton die Walnüsse zum Teig geben und das Programm beenden lassen.

4 Nach Ablauf des Programms die Backform herausnehmen und den Teig auf einer bemehlten Arbeitsfläche, wie links unter Schritt 3 beschrieben, weiterverarbeiten.

Ergibt 1 großen Laib

Dunkles Bierbrot

Ein besonderes Brot, das seinen charakteristischen Geschmack durch den Zusatz von Kaffeepulver, Kakao und dunklem Bier erhält. Am besten in dünne Scheiben schneiden und mit Gewürzgurke und Hering oder mit Frischkäse und geräuchertem Lachs belegt genießen!

200 g Roggenmehl Type 1150
150 g Weizenmehl Type 550
150 g Weizenvollkornmehl
2 EL Milchpulver
1 EL Kakaopulver
1 TL Instant-Kaffeepulver
1 TL Salz
1 TL Kümmel
1 ¾ TL Trockenhefe
2 EL Sonnenblumenöl
3 EL dunkler Rohrzucker
275 ml dunkles Bier

Von Hand

1 Mehl, Milchpulver, Kakao, Kaffee, Salz und Kümmel in einer großen Schüssel vermengen. Öl und Zucker hinzufügen. Das in einem Topf leicht erwärmte Bier nach und nach hinzufügen und alles zu einem weichen Teig verarbeiten.

2 Auf einer bemehlten Arbeitsfläche 10 Minuten kneten, bis er glatt und elastisch ist. In eine Schüssel legen und mit eingeölter Frischhaltefolie abgedeckt an einem warmen Ort ca. 1 ¼ Stunden zu doppelter Größe aufgehen lassen.

3 Den gegangenen Teig auf einer bemehlten Arbeitsfläche nochmals gründlich durchkneten und zu einer Kugel von ca. 15 Durchmesser formen. Auf ein gefettetes Backblech legen, die Oberfläche kreuzförmig einschneiden und mit eingeölter Frischhaltefolie abgedeckt weitere 20–25 Minuten gehen lassen, bis der Teig um etwa die Hälfte aufgegangen ist.

4 Im vorgeheizten Backofen bei 200°C (Gas Stufe 6) 25–30 Minuten backen, bis das Brot dunkelbraun ist und hohl klingt, wenn man darauf klopft. Nach 15 Minuten mit Alufolie abdecken, damit es nicht zu stark bräunt.

5 Backblech herausnehmen (Ofenhandschuhe nicht vergessen!), Brot mit einem Palettenmesser lösen und auf einem Kuchengitter abkühlen lassen.

Im Brotbackautomaten

1 Backform aus dem Automaten nehmen und die Knethaken aufstecken. Bier, Milchpulver, Öl , Zucker, Kakao, Kaffee und Kümmel hineingeben.

2 Mehle darüberstreuen und Salz hinzufügen. Eine Vertiefung in das Mehl drücken und die Hefe hineinfüllen (siehe Seite 14).

3 Backform in den Automaten stellen und den Deckel schließen. Programm »Vollkornbrot«, Brotgröße 750 g und den gewünschten Bräunungsgrad wählen. Starttaste drücken.

4 Nach Ablauf des Programms die Backform mit Ofenhandschuhen herausnehmen. Das Brot mit einem Holzwender aus der Form lösen und auf einem Kuchengitter auskühlen lassen.

Ergibt 1 großen Laib

Tipp Dieses Brot kann auch im Backofen gebacken werden, dafür das Programm »Teig« wählen und anschließend entsprechend der Beschreibung für »Von Hand« vorgehen.

Ciabatta

Das helle und luftige italienische Ciabatta hat viele Löcher in der Krume und passt eigentlich zu jeder Mahlzeit. Der Teig wird nicht wie bei anderen Broten geknetet, sondern nach der Ruhephase einfach auf das Blech gelegt und in Form gebracht. Auf diese Weise bleiben die durch die Hefe entstandenen Blasen im Teig.

VORTEIG:

125 g Weizenmehl Type 550 aus ökologischem Anbau
½ TL Zucker
½ TL Trockenhefe
150 ml warmes Wasser

HAUPTTEIG:

1 EL Milchpulver
2 EL Olivenöl
375 g Weizenmehl Type 550 aus ökologischem Anbau
1 TL Salz
1 TL Zucker
1 TL Trockenhefe
250 ml Wasser

Von Hand

1 Für den Vorteig Mehl, Zucker und Hefe in eine Schüssel geben. Allmählich Wasser hinzufügen und alles zu einem dickflüssigen Teig verarbeiten. Schüssel mit einem sauberen Geschirrtuch abdecken und an einem warmen Ort über Nacht stehen lassen.

2 Für den Hauptteig dem Vorteig Milchpulver, Öl, Mehl, Salz, Zucker und Hefe hinzufügen und mit warmem Wasser zu einem zähflüssigen Teig rühren. Abgedeckt an einem warmen Ort 2 Stunden gehen lassen, bis der Teig zu dreifacher Größe aufgegangen ist.

3 Ein großes Backblech einfetten und mit etwas Mehl bestäuben. Den Teig mit einem Löffel in zwei Portionen auf das Backblech häufen und mit bemehlten Händen vorsichtig zu zwei länglichen Laiben von ca. 25 cm Länge formen.

4 Teig offen an einem warmen Ort ca. 45 Minuten gehen lassen, bis er um etwa die Hälfte aufgegangen ist. Anschließend im vorgeheizten Backofen bei 220°C (Gas Stufe 7) 20–25 Minuten backen, bis die Brote goldbraun sind und hohl klingen, wenn man mit den Fingerspitzen darauf klopft.

5 Das Blech mit Ofenhandschuhen aus dem Backofen nehmen, Brote mit einem Palettenmesser lösen und auf einem Kuchengitter auskühlen lassen.

Im Brotbackautomaten

1 Backform aus dem Automaten nehmen und die Knethaken aufstecken. Für den Vorteig kaltes Wasser hineingeben und Mehl und Zucker darüberstreuen. Eine Vertiefung in das Mehl drücken und die Hefe hineinfüllen (siehe Seite 14).

2 Backform in den Automaten stellen, Deckel schließen und das Programm »Teig« wählen. Starttaste drücken. Der Teig ist sehr weich und nicht fest wie Brotteig. Das Programm nach 1 Stunde bzw. dem zweiten Knetvorgang unterbrechen und den Teig über Nacht im Brotbackautomaten stehen lassen.

3 Für den Hauptteig die Backform aus dem Automaten nehmen und dem Vorteig Milchpulver, Öl und kaltes Wasser hinzufügen. Mehl, Salz sowie Zucker hineingeben und Hefe darüberstreuen.

4 Backform wieder in den Brotbackautomaten stellen, nochmals das Programm »Teig« wählen und die Starttaste drücken.

5 Den sehr klebrigen Teig herausnehmen und, wie links in Schritt 3 beschrieben, weiterverarbeiten.

Ergibt 2 Laibe

> **Tipp** Man sollte den Teig beim zweiten Durchgang gut im Auge behalten. Bei kleinen Backformen kann es passieren, dass der Teig überquillt. In diesem Fall 10–15 Minuten vor Ablauf des Programms herausnehmen.

Couronne

Die Ringform dieses Brotes diente den französischen Hausfrauen ursprünglich dazu, das Brot beim Einkaufen über den Arm streifen zu können. Traditionell wird der Brotteig mit einem Vorteig gemacht, der zwei Tage lang stehen muss. Bei diesem Rezept wird ein bisschen gemogelt und Naturjoghurt verwendet, damit das Brot den charakteristischen Sauerteiggeschmack erhält.

500 g Weizenmehl Type 550
1 ½ TL Salz
2 TL Zucker
1 ¼ TL Trockenhefe
200 g Naturjoghurt
175 ml Wasser

Von Hand

1 Mehl in eine große Schüssel geben, Salz, Zucker und Hefe hinzufügen. Mit Joghurt und warmem Wasser nach und nach zu einem weichen Teig verarbeiten.

2 Auf einer bemehlten Arbeitsfläche 5 Minuten kneten, bis der Teig glatt und elastisch ist. Anschließend wieder in die Schüssel legen, locker mit eingeölter Frischhaltefolie abdecken und an einem warmen Ort ca. 1 Std. zu doppelter Größe aufgehen lassen.

3 Teig auf einer bemehlten Arbeitsfläche gründlich durchkneten und zu einem runden Laib formen. Mit den Fingerspitzen ein Loch in die Mitte drücken und mit der Faust zu einer Öffnung mit ca. 12 cm Durchmesser erweitern (siehe Seite 21). Der Brotring sollte dann einen Durchmesser von ca. 20 cm haben.

4 Laib auf ein gefettetes Backblech legen und die Oberfläche mit einem scharfen Messer 3 oder 4 Mal einritzen. Die Unterseite eines kleinen Schälchens einfetten und in die Brotmitte stellen, damit die Öffnung erhalten bleibt. Das Brot locker mit eingeölter Frischhaltefolie abdecken und an einem warmen Ort weitere 30 Minuten gehen lassen, bis der Teig um etwa die Hälfte aufgegangen ist.

5 Frischhaltefolie und Schälchen entfernen, das Brot mit etwas Mehl bestäuben und im vorgeheizten Backofen bei 225°C (Gas Stufe 7) 20–25 Minuten backen, bis es aufgegangen und goldbraun ist. Nach 15 Minuten mit Alufolie abdecken, damit die Kruste nicht zu stark bräunt.

6 Backblech herausnehmen (Ofenhandschuhe nicht vergessen!) und das Brot mit einem Palettenmesser lösen. Auf einem Kuchengitter abkühlen lassen.

Im Brotbackautomaten

1 Backform aus dem Automaten nehmen und die Knethaken aufstecken. Kaltes Wasser und Joghurt einfüllen. Anschließend Mehl, Salz und Zucker hinzufügen. Eine Vertiefung in das Mehl drücken und die Hefe hineinfüllen (siehe Seite 14).

2 Backform in den Brotbackautomaten stellen und den Deckel schließen. Programm »Teig« wählen und die Starttaste drücken.

3 Nach Ablauf des Programms die Backform herausnehmen und den Teig auf einer bemehlten Arbeitsfläche, wie links unter Schritt 3 beschrieben, weiterverarbeiten.

Ergibt 1 Laib

Tipp Da das Brot Joghurt enthält, sollte keine Zeitverzögerung programmiert werden.

Kürbiskernbrot

315 g Weizenmehl Type 1050
80 g Weizenflocken
80 g Backmalz
2 EL Butter
1 ½ TL Salz
50 g Kürbiskerne
1 ¼ TL Trockenhefe
¼ Vitamin-C-Tablette
1 EL Farbmalz
300 ml Wasser

GLASUR & DEKORATION
Milch für die Glasur
Kürbiskerne

Von Hand

1 Mehl, Weizenflocken und Backmalz in eine große Schüssel geben, Butter hinzufügen und mit den Fingern vermengen, bis Streusel entstehen. Salz, Kürbiskerne, Hefe, zerdrückte Vitamintablette und Farbmalz hinzufügen. Nach und nach warmes Wasser hinzugeben und alles zu einem weichen Teig verarbeiten.

2 Teig auf einer bemehlten Arbeitsfläche 5 Minuten kneten, bis er glatt und elastisch ist. Den Teig anschließend wieder in die Schüssel legen, locker mit eingeölter Frischhaltefolie abdecken und an einem warmen Ort ca. 1 Stunde zu doppelter Größe aufgehen lassen.

3 Auf einer bemehlten Arbeitsfläche gründlich durchkneten, ausrollen und in eine gefettete Brotform (ca. 1 kg Fassungsvermögen) legen. Das Brot locker mit eingeölter Frischhaltefolie abdecken und an einem warmen Ort weitere 30 Minuten gehen lassen, bis der Teig um etwa die Hälfte aufgegangen ist.

4 Frischhaltefolie entfernen, das Brot mit etwas Milch bestreichen und mit Kürbiskernen bestreuen. Im vorgeheizten Backofen bei 200°C (Gas Stufe 6) 25–30 Minuten backen. Nach 15 Minuten mit Alufolie abdecken, damit die Kruste nicht zu stark bräunt.

5 Die Backform herausnehmen (Ofenhandschuhe nicht vergessen!) und das Brot mit einem Palettenmesser aus der Form lösen. Auf einem Kuchengitter abkühlen lassen.

Im Brotbackautomaten

1 Backform aus dem Automaten nehmen und die Knethaken aufstecken. Kaltes Wasser, Butter und Farbmalz einfüllen. Anschließend Mehl, Weizenflocken, Backmalz, Salz und Kürbiskerne hinzufügen. Die zerdrückte Vitamintablette über das Mehl streuen, eine Vertiefung in das Mehl drücken und die Hefe hineinfüllen (siehe Seite 14).

2 Backform in den Brotbackautomaten stellen und den Deckel schließen. Programm »Vollkornbrot«, Brotgröße 750 g und den gewünschten Bräunungsgrad wählen. Starttaste drücken.

3 Das Brot kurz vor dem eigentlichen Backvorgang mit etwas Milch bestreichen und mit Kürbiskernen bestreuen. Den Deckel anschließend rasch schließen und das Programm beenden lassen.

4 Nach Ablauf des Programms die Backform mit Ofenhandschuhen herausnehmen. Das Brot mit einem Holzwender aus der Form lösen und auf einem Kuchengitter auskühlen lassen.

Ergibt 1 großen Laib

Aromatisierte Brote

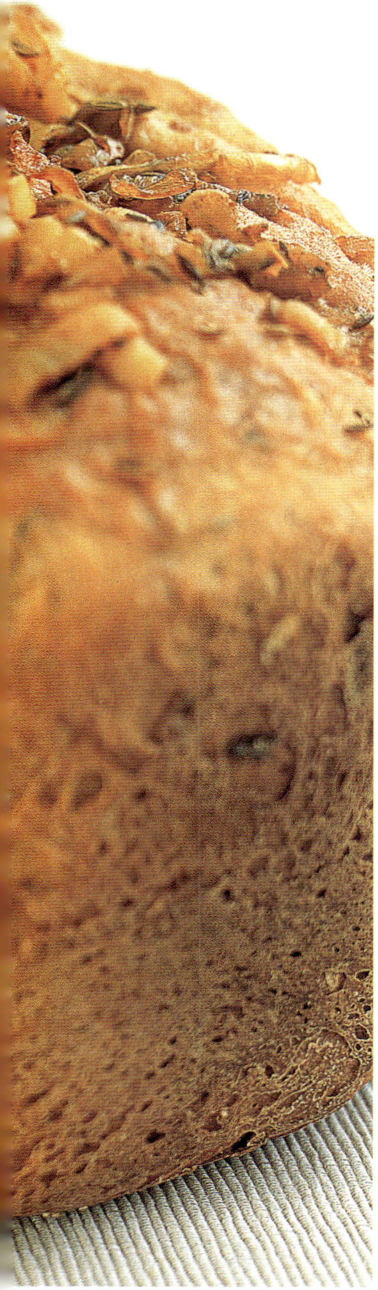

Zucchini-Brot mit Estragon und Zitrone

Ein aromatisch herbes Brot, gesprenkelt mit zartem Grün. Es schmeckt wunderbar als Thunfisch-Sandwich, zu Fischpasteten, Dips oder Salaten. Die Zucchini gibt dem Brot eine feine Note.

150 g Zucchini
500 g Weizenmehl Type 550
abgeriebene Schale 1er Zitrone
1 EL frischer Estragon, gehackt
1 TL Zucker
2 TL Salz
frisch gemahlener schwarzer Pfeffer
1 ½ TL Trockenhefe
2 EL Olivenöl
200 ml Wasser

Von Hand

1 Die Zucchini grob reiben und mit Küchenpapier trocken tupfen.

2 Mehl in eine große Schüssel geben und mit Zitronenschale, Estragon, Zucker, Salz und Hefe mischen. Zucchini und Öl hinzufügen und mit warmem Wasser zu einem weichen Teig verarbeiten.

3 Auf einer bemehlten Arbeitsfläche 5 Minuten kneten, bis der Teig glatt und elastisch ist. Wieder in die Schüssel legen, locker mit eingeölter Frischhaltefolie abdecken und ca. 1 Stunde an einem warmen Ort zu doppelter Größe aufgehen lassen.

4 Teig auf einer bemehlten Arbeitsfläche gründlich durchkneten, ausrollen und in eine gefettete Brotform (ca. 1 kg Fassungsvermögen) legen.

5 Locker mit eingeölter Frischhaltefolie abdecken und an einem warmen Ort weitere 30 Minuten gehen lassen.

6 Frischhaltefolie entfernen und im vorgeheizten Backofen bei 200°C (Gas Stufe 6) 30 Minuten backen, bis das Brot goldbraun ist und hohl klingt, wenn man mit den Fingerspitzen darauf klopft. Eventuell nach 20 Minuten mit Alufolie abdecken, damit die Kruste nicht zu stark bräunt.

7 Backform herausnehmen und das Brot mit einem Palettenmesser aus der Form lösen. Auf einem Kuchengitter abkühlen lassen.

Im Brotbackautomaten

1 Zucchini grob reiben und mit Küchenpapier trocken tupfen.

2 Backform aus dem Automaten nehmen und die Knethaken aufstecken. Zucchini, kaltes Wasser, Olivenöl, abgeriebene Zitronenschale und Estragon einfüllen. Anschließend Mehl, Salz und etwas Pfeffer hinzufügen. Eine Vertiefung in das Mehl drücken und die Hefe hineinfüllen (siehe Seite 14).

3 Backform in den Automaten stellen und den Deckel schließen. Programm »Weißbrot«, Brotgröße 750 g und den gewünschten Bräunungsgrad wählen. Starttaste drücken.

4 Nach Ablauf des Programms die Backform mit Ofenhandschuhen herausnehmen. Das Brot mit einem Holzwender aus der Form lösen und auf einem Kuchengitter auskühlen lassen.

Ergibt 1 großen Laib

Tipp Wenn der Brotbackautomat keine Wahlmöglichkeit für den Bräunungsgrad hat, kann man Brote mit zu heller Kruste mit etwas Butter bestreichen und unter dem Backofengrill bräunen.

Feta-Spinat-Rolle

475 g Weizenmehl Type 550
2 TL Zucker
1 ¼ TL Salz
1 ¼ TL Trockenhefe
2 EL Olivenöl
275 ml Wasser
250 g tiefgekühlter Spinat, aufgetaut
etwas Muskat
150 g Feta
50 g Pinienkerne
1 Eigelb zum Bestreichen
Salz und frisch gemahlener schwarzer Pfeffer

Von Hand

1 Mehl, Zucker, Salz und Hefe in einer großen Schüssel mischen. Olivenöl hinzufügen und mit warmem Wasser zu einem weichen Teig verarbeiten.

2 Auf einer bemehlten Arbeitsfläche 5 Minuten kneten, bis er glatt und elastisch ist. Dann wieder in die Schüssel legen, locker mit eingeölter Frischhaltefolie abdecken und an einem warmen Ort ca. 1 Stunde zu doppelter Größe aufgehen lassen.

3 Den Teig auf einer bemehlten Arbeitsfläche gründlich durchkneten und zu einem Rechteck (ca. 37,5 x 33 cm) ausrollen. Aufgetauten Spinat in einem Durchschlag gut abtropfen lassen, restliche Flüssigkeit ausdrücken und auf dem Teig verteilen. Mit Salz, Pfeffer und Muskat würzen, Fetawürfel darüber verteilen und zum Schluss mit Pinienkernen bestreuen.

4 Teig von der Längsseite her aufrollen. Eigelb mit 1 EL Wasser verquirlen und den Teig damit bestreichen. Die Teigrolle anschließend der Länge nach halbieren und die Teigstränge mit der Schnittfläche nach oben auf die Arbeitsfläche legen. Stränge an einem Ende zusammendrücken. Beide Stränge nun locker umeinander wickeln (siehe Seite 19).

5 Den Teig vorsichtig auf ein gefettetes Backblech legen, dabei herausgefallenen Feta oder Nüsse festdrücken und offen 20–30 Minuten gehen lassen.

6 Brot im vorgeheizten Backofen bei 200°C (Gas Stufe 6) 20–25 Minuten backen, bis es goldbraun ist und hohl klingt, wenn man mit den Fingerspitzen darauf klopft. Eventuell nach 10 Minuten mit Alufolie abdecken, damit die Kruste nicht zu stark bräunt. Warm oder kalt servieren.

Im Brotbackautomaten

1 Backform aus dem Automaten nehmen und die Knethaken aufstecken. Kaltes Wasser und Öl einfüllen. Anschließend Mehl, Zucker und Salz hinzufügen. Eine Vertiefung in das Mehl drücken und die Hefe hineinfüllen (siehe Seite 14).

2 Backform in den Brotbackautomaten stellen und den Deckel schließen. Programm »Teig« wählen und die Starttaste drücken.

3 Nach Ablauf des Programms die Backform herausnehmen und den Teig auf einer bemehlten Arbeitsfläche, wie links unter Schritt 3 beschrieben, weiterverarbeiten.

Ergibt 1 großen Laib

Paprikazungen mit Rosmarin

200 g Weizenmehl Type 550
170 g Weizenmehl Type 1050
40 g Weizenflocken
40 g Backmalz
1 EL fein gehackter Rosmarin
1 ½ TL Salz
1 TL Zucker
1 ¼ TL Trockenhefe
2 EL Olivenöl
250 ml Wasser

FÜLLUNG:
2 rote Paprikaschoten
1 gelbe Paprikaschote
2 EL Olivenöl
4 TL Balsamicoessig
1 EL Tomatenmark
Salz und frisch gemahlener schwarzer Pfeffer

ZUM BESTREUEN:
2 EL Olivenöl
frischer Rosmarin

Von Hand

1 Mehl, Weizenflocken, Backmalz, Rosmarin, Salz, Zucker und Hefe in einer großen Schüssel mischen. Olivenöl hinzufügen und mit warmem Wasser zu einem weichen Teig verarbeiten.

2 Auf einer bemehlten Arbeitsfläche 5 Minuten kneten, bis er glatt und elastisch ist. Dann wieder in die Schüssel legen, locker mit eingeölter Frischhaltefolie abdecken und an einem warmen Ort ca. 1 Stunde zu doppelter Größe aufgehen lassen.

3 In der Zwischenzeit die Paprika vierteln, Kerne und Trennhäutchen entfernen. Mit der Schnittfläche nach unten auf einen Grillrost legen, mit Olivenöl beträufeln und unter dem vorgeheizten Backofengrill 10 Minuten grillen, bis die Haut schwarz wird. Paprika in Alufolie wickeln und auskühlen lassen.

4 Die Paprikastücke mit einem scharfen Messer häuten, und in schmale Streifen schneiden. Würzen und mit Essig übergießen.

5 Den Teig auf einer bemehlten Arbeitsfläche gründlich durchkneten, halbieren, zu dünnen Ovalen ausrollen (ca. 28 x 15 cm) und mit Tomatenmark bestreichen. Die Hälfte der Paprika in die Mitte geben und von der Längsseite zur Mitte hin zusammenfalten.

6 Jedes Brot vorsichtig auf ein gefettetes Backblech legen und mit der verbliebenen Paprika bestreuen. Locker mit eingeölter Frischhaltefolie abdecken und 30 Minuten an einem warmen Ort gehen lassen.

7 Frischhaltefolie entfernen, mit Olivenöl beträufeln und mit Rosmarin bestreuen. Anschließend im vorgeheizten Backofen bei 220°C (Gas Stufe 7) 15 Minuten backen.

Im Brotbackautomaten

1 Backform aus dem Automaten nehmen und die Knethaken aufstecken. Kaltes Wasser und Öl einfüllen. Anschließend Mehl, Weizenflocken, Backmalz, Rosmarin, Zucker und Salz hinzufügen. Eine Vertiefung in das Mehl drücken und die Hefe hineinfüllen (siehe Seite 14).

2 Backform in den Automaten stellen und den Deckel schließen. Programm »Teig« wählen und die Starttaste drücken.

3 Nach Ablauf des Programms die Backform herausnehmen und den Teig auf einer bemehlten Arbeitsfläche, wie links unter Schritt 3 beschrieben, weiterverarbeiten.

Ergibt 2 Laibe

Tipp Möchte man das Brot später aufbacken, sollte es zunächst nicht ganz fertig gebacken werden, damit es beim Aufbacken nicht austrocknet.

Gefülltes Baguette mit Pilzen und Knoblauch

475 g Weizenmehl Type 550
1 ½ TL Zucker
1 TL Salz
1 TL getrocknete Chilikörner
2 TL getrocknete Kräuter der Provence
1 ¼ TL Trockenhefe
2 EL Olivenöl
275 ml Wasser

FÜLLUNG:
25 g getrocknete Mischpilze
150 ml kochendes Wasser
150 ml Rotwein
2 EL Olivenöl
1 rote Zwiebel, gehackt
2 Knoblauchzehen, gehackt

Von Hand

1 Mehl in einer großen Schüssel mit Zucker, Salz, Chili, Kräutern und Hefe mischen. Öl hinzufügen und mit warmem Wasser zu einem weichen Teig verarbeiten.

2 Gründlich durchkneten und wieder in die Schüssel legen. Mit eingeölter Frischhaltefolie abgedeckt ca. 1 Stunde an einem warmen Ort zu doppelter Größe aufgehen lassen.

3 Pilze in einer Schüssel mit kochendem Wasser und Rotwein übergießen und 30 Minuten einweichen.

4 Öl in einer Bratpfanne erhitzen, Zwiebel und Knoblauch 5 Minuten dünsten. Pilze aus der Einweichflüssigkeit herausnehmen und die Flüssigkeit sowie je 2 EL der geschnittenen Pilze und gedünsteten Zwiebeln beiseite stellen.

5 Restliche Pilze in Scheiben schneiden und mit der Einweichflüssigkeit in die Pfanne geben. Bei hoher Temperatur 3–5 Minuten kochen, bis die Flüssigkeit um die Hälfte reduziert ist.

6 Teig auf einer bemehlten Arbeitsfläche gründlich durchkneten. Zu einem Rechteck ausrollen (ca. 43 x 23 cm) und die Pilzmischung dünn darauf verteilen. Von der Längsseite her aufrollen.

7 Teig auf einem gefetteten Backblech mit Öl bepinseln und mit den übrigen Pilzen und Zwiebeln bestreuen. Locker mit eingeölter Frischhaltefolie abgedeckt an einem warmen Ort weitere 30 Minuten gehen lassen.

8 Im vorgeheizten Backofen bei 200°C (Gas Stufe 6) 25–30 Minuten backen. Auskühlen lassen.

Im Brotbackautomaten

1 Backform aus dem Automaten nehmen und die Knethaken aufstecken. Kaltes Wasser und Olivenöl einfüllen. Anschließend Mehl, Zucker, Salz, Chili und Kräuter hinzufügen. Eine Vertiefung in das Mehl drücken und die Hefe hineinfüllen (siehe Seite 14).

2 Backform in den Brotbackautomaten stellen und den Deckel schließen. Programm »Teig« wählen und die Starttaste drücken.

3 Nach Ablauf des Programms die Backform herausnehmen. Den Teig anschließend füllen und aufrollen, wie links unter Schritt 3 beschrieben.

Ergibt 1 Laib

Tomatenbrot mit Pinienkernen

475 g Weizenmehl Type 550
1 ½ TL Salz
2 TL Zucker
1 ¼ TL Trockenhefe
2 EL Olivenöl
2 EL Pesto
275 ml Wasser
75 g sonnengetrocknete Tomaten (nicht in Öl eingelegt), in dünne Scheiben geschnitten
3 EL Pinienkerne
1 Eigelb zum Bestreichen

Von Hand

1 Mehl in einer großen Schüssel mit Salz, Zucker und Hefe vermengen. Öl und Pesto hinzufügen und mit warmem Wasser zu einem weichen Teig verarbeiten.

2 Auf einer bemehlten Arbeitsfläche 5 Minuten kneten, bis der Teig glatt und elastisch ist. Sonnengetrocknete Tomaten und Pinienkerne einarbeiten (1 EL Pinienkerne zurückbehalten). Wieder in die Schüssel legen, locker mit eingeölter Frischhaltefolie abdecken und an einem warmen Ort ca. 1 Stunde zu doppelter Größe aufgehen lassen.

3 Teig auf einer bemehlten Arbeitsfläche nochmals gründlich durchkneten und in eine gefettete quadratische Backform (ca. 18 x 18 cm) mit ca. 1 Liter Fassungsvermögen legen

4 An einem warmen Ort weitere 30 Minuten gehen lassen, bis der Teig um etwa die Hälfte aufgegangen ist.

5 Frischhaltefolie entfernen, Eigelb mit 1 EL Wasser verquirlen und den Teig damit bestreichen. Mit den restlichen Pinienkernen bestreuen und im vorgeheizten Backofen bei 200°C (Gas Stufe 6) 30–35 Minuten backen, bis das Brot aufgegangen ist und hohl klingt, wenn man mit den Fingerspitzen darauf klopft. Eventuell nach 15 Minuten mit Alufolie abdecken, damit die Kruste nicht zu stark bräunt.

6 Backform herausnehmen (Ofenhandschuhe nicht vergessen!) und das Brot mit einem Palettenmesser aus der Form lösen. Auf einem Kuchengitter abkühlen lassen.

Im Brotbackautomaten

1 Backform aus dem Automaten nehmen und die Knethaken aufstecken. Kaltes Wasser, Olivenöl und Pesto einfüllen. Anschließend Mehl, Salz und Zucker hinzufügen. Eine Vertiefung in das Mehl drücken und die Hefe hineinfüllen (siehe Seite 14).

2 Backform in den Brotbackautomaten stellen und den Deckel schließen. Programm »Weißbrot«, Brotgröße 750 g und den gewünschten Bräunungsgrad wählen. Starttaste drücken.

3 Beim ersten Signalton sonnengetrocknete Tomaten und Pinienkerne zum Teig geben (1 EL Pinienkerne zurückbehalten). Deckel schließen und Programm beenden lassen.

4 Eigelb mit 1 EL Wasser verquirlen und das Brot damit etwa 1 Stunde vor Programmende bestreichen. Restliche Pinienkerne darüberstreuen, den Deckel schließen und Programm beenden lassen.

5 Backform mit Ofenhandschuhen herausnehmen. Das Brot mit einem Holzwender aus der Form lösen und auf einem Kuchengitter auskühlen lassen.

Ergibt 1 großen Laib

Zwiebel-Kartoffelbrot

Dieses gehaltvolle Brot mit goldgelber Krume ist mit indisch gewürzten Zwiebeln durchsetzt und schmeckt warm köstlich zu Suppen oder indischen Gerichten.

330 Kartoffel

200 g Kartoffeln, geschält
1 EL Sonnenblumenöl
150 g Zwiebel, fein gehackt
1 ½ TL Kreuzkümmel, grob zerdrückt
1 ½ TL Fenchelsamen, grob zerdrückt
½ TL Kurkuma
½ TL Paprika
2 EL Butter 500 Dinkel
475 g Weizenmehl Type 550
2 TL Zucker
2 TL Salz
1 ½ TL Trockenhefe 1 Würfel
250 **200 ml Wasser** Buttermilch
geschmolzene Butter zum Bestreichen

Von Hand

1 Zunächst wie rechts in Schritt 1 und 2 beschrieben vorgehen.

2 Mehl in eine große Schüssel geben und mit Zucker, Salz und Hefe vermengen. Kartoffeln und gewürzte Zwiebeln hinzufügen (2 EL zurückbehalten). Mit warmem Wasser zu einem weichen Teig verarbeiten.

3 Auf einer bemehlten Arbeitsfläche 5 Minuten kneten, bis der Teig glatt und elastisch ist. Dann wieder in die Schüssel legen und mit eingeölter Frischhaltefolie abgedeckt an einem warmen Ort ca. 1 Stunde zu doppelter Größe aufgehen lassen.

4 Auf einer bemehlten Arbeitsfläche nochmals gründlich durchkneten und in eine gefettete Springform (ca. 20 cm Durchmesser) legen. Mit einem Messer Kuchenstücke anzeichnen und das Brot mit 1 EL Zwiebeln bestreuen. Locker mit eingeölter Frischhaltefolie abdecken und weitere 30 Minuten gehen lassen. Der Teig sollte bis zum Rand der Backform aufgegangen sein.

5 Frischhaltefolie entfernen und das Brot im vorgeheizten Backofen bei 200°C (Gas Stufe 6) 30–35 Minuten backen, bis es goldbraun ist und hohl klingt, wenn man mit den Fingerspitzen darauf klopft.

6 Backform herausnehmen (Ofenhandschuhe nicht vergessen!) und das Brot mit einem Palettenmesser aus der Form lösen. Auf einem Kuchengitter abkühlen lassen, mit geschmolzener Butter bestreichen und mit den restlichen Zwiebeln bestreuen.

Im Brotbackautomaten

1 Kartoffeln halbieren und in einem kleinen Topf mit kochendem Wasser ca. 15 Minuten weich kochen. In der Zwischenzeit Öl in einer Pfanne erhitzen und die gehackten Zwiebeln glasig dünsten. Gewürze hinzufügen und 1 Minute kochen lassen.

2 Kartoffeln abgießen, mit einer Gabel zerdrücken und mit Butter vermischen. Abkühlen lassen.

3 Backform aus dem Automaten nehmen und die Knethaken aufstecken. Kartoffeln, 2 EL gewürzte Zwiebeln und kaltes Wasser einfüllen. Anschließend Mehl, Salz und Zucker hinzufügen. Eine Vertiefung in das Mehl drücken und die Hefe hineinfüllen (siehe Seite 14).

4 Backform in den Automaten stellen und den Deckel schließen. Programm »Weißbrot«, Brotgröße 750 g und den gewünschten Bräunungsgrad wählen. Starttaste drücken.

5 Nach Ablauf des Programms die Backform mit Ofenhandschuhen herausnehmen. Das Brot mit einem Holzwender aus der Form lösen und auf einem Kuchengitter auskühlen lassen. Mit etwas geschmolzener Butter bestreichen und mit den restlichen Zwiebeln bestreuen.

Ergibt 1 großen Laib

Karotten-Senf-Brot

170 g Weizenmehl Type 1050
200 g Weizenmehl Type 550
40 g Weizenflocken
40 g Backmalz
1 ½ TL Salz
2 EL Butter
1 ½ TL Trockenhefe
1 EL flüssiger Honig
2 EL körniger Senf
125 g Karotten, geraspelt
200 ml Wasser
1 Eigelb zum Bestreichen

Von Hand

1 Mehl, Weizenflocken und Backmalz in eine große Schüssel geben, Butter hinzufügen und mit den Fingern vermengen, bis Streusel entstehen. Hefe, Honig, Senf und Karotten hinzufügen und mit warmem Wasser zu einem weichen Teig verarbeiten.

2 Auf einer bemehlten Arbeitsfläche 5 Minuten kneten, bis der Teig glatt und elastisch ist. Dann wieder in die Schüssel legen und mit eingeölter Frischhaltefolie abgedeckt an einem warmen Ort ca. 1 Stunde zu doppelter Größe aufgehen lassen.

3 Den Teig auf einer bemehlten Arbeitsfläche nochmals gründlich durchkneten, zu einer ca. 50 cm langen Rolle formen und zu einer Kordel drehen (siehe Seite 19). Die Kordel in eine gefettete Brotform (ca. 1,8 Liter Fassungsvermögen) legen.

4 Locker mit eingeölter Frischhaltefolie abdecken und an einem warmen Ort weitere 30 Minuten gehen lassen. Der Teig sollte bis zum Rand der Backform aufgegangen sein.

5 Frischhaltefolie entfernen, das Eigelb mit 1 EL Wasser verquirlen und den Teig damit bestreichen. Im vorgeheizten Backofen bei 200°C (Gas Stufe 6) 30–35 Minuten backen, bis das Brot goldbraun ist und hohl klingt, wenn man mit den Fingerspitzen darauf klopft. Eventuell nach 15 Minuten mit Alufolie abdecken, damit die Kruste nicht zu stark bräunt.

6 Backform herausnehmen (Ofenhandschuhe nicht vergessen!) und das Brot mit einem Palettenmesser aus der Form lösen. Auf einem Kuchengitter abkühlen lassen.

Im Brotbackautomaten

1 Backform aus dem Automaten nehmen und die Knethaken aufstecken. Kaltes Wasser, Butter, Senf, Honig und die Hälfte der Karotten hineingeben. Mehl, Weizenflocken und Backmalz einfüllen und schließlich Salz hinzufügen. Eine Vertiefung in das Mehl drücken und die Hefe hineinfüllen (siehe Seite 14).

2 Backform in den Automaten stellen und den Deckel schließen. Programm »Weißbrot«, Brotgröße 750 g und mittleren Bräunungsgrad wählen. Starttaste drücken.

3 Ungefähr 1 Stunde vor Programmende das Eigelb mit 1 EL Wasser verquirlen und den Teig damit bestreichen. Deckel schließen und Programm beenden lassen.

4 Backform mit Ofenhandschuhen herausnehmen, das Brot mit einem Holzwender aus der Form lösen und auf einem Kuchengitter auskühlen lassen.

Ergibt 1 großen Laib

Käse-Chutney-Rolle

475 g Weizenmehl Type 550
1 EL Zucker
1 ½ TL Salz
1 ½ TL Trockenhefe
250 g reifer Cheddar, gerieben
6 Frühlingszwiebeln, in dicke Ringe geschnitten
2 EL Olivenöl
250 ml Wasser
6 EL Tomatenchutney
1 Eigelb zum Bestreichen
geriebener Käse zum Bestreuen

Von Hand

1 Mehl in einer großen Schüssel mit Salz, Zucker und Hefe vermengen. Käse und Zwiebeln hinzufügen und mit warmem Wasser zu einem weichen Teig verarbeiten.

2 Auf einer bemehlten Arbeitsfläche 5 Minuten kneten, bis der Teig glatt und elastisch ist. Dann wieder in die Schüssel legen, locker mit eingeölter Frischhaltefolie abdecken und an einem warmen Ort ca. 1 Stunde zu doppelter Größe aufgehen lassen.

3 Den Teig auf einer bemehlten Arbeitsfläche nochmals gründlich durchkneten und zu einem großen Rechteck ausrollen (ca. 46 x 25 cm). Chutney gleichmäßig bis zu den Rändern darauf verteilen.

4 Teig von der Längsseite her zu einem Drittel zur Mitte hin umschlagen. Das andere Drittel darüberlegen und den so entstandenen gefalteten Teigstrang (ca. 46 x 10 cm) vier- oder fünfmal in sich verdrehen, sodass eine Kordel entsteht. Den Teig anschließend auf ein gefettetes Backblech legen.

5 Locker mit eingeölter Frischhaltefolie abdecken und an einem warmen Ort weitere 30 Minuten gehen lassen, bis der Teig um etwa die Hälfte aufgegangen ist.

6 Frischhaltefolie entfernen, Eigelb mit 1 EL Wasser verquirlen und den Teig damit bestreichen. Mit geriebenem Käse bestreuen und im vorgeheizten Backofen bei 200°C (Gas Stufe 6) 30 Minuten goldbraun backen, bis es aufgegangen ist und hohl klingt, wenn man mit den Fingerspitzen darauf klopft. Eventuell nach 10 Minuten mit Alufolie abdecken, damit die Kruste nicht zu stark bräunt. Backform herausnehmen und das Brot mit einem Palettenmesser aus der Form lösen. Abkühlen lassen.

Im Brotbackautomaten

1 Backform aus dem Automaten nehmen und die Knethaken aufstecken. Kaltes Wasser, Öl, Käse und Zwiebeln einfüllen. Anschließend Mehl, Salz und Zucker hinzufügen. Eine Vertiefung in das Mehl drücken und die Hefe hineinfüllen (siehe Seite 14).

2 Backform in den Automaten stellen, Deckel schließen und Programm »Teig« wählen. Starttaste drücken.

3 Nach Ablauf des Programms den Teig auf einer bemehlten Arbeitsfläche, wie links unter Schritt 3 beschrieben, weiterverarbeiten.

Ergibt 1 großen Laib

Oliven-Tomaten-Brot

475 g Weizenmehl Type 550
1 TL Salz
1 TL Zucker
1 ¼ TL Trockenhefe
2 EL Olivenöl
275 ml Wasser
125 g entsteinte oder gefüllte grüne Oliven, grob gehackt
40 g sonnengetrocknete Tomaten (nicht in Öl eingelegt), grob gehackt
grobes Salz und Paprika zum Bestreuen

Von Hand

1 Mehl in einer großen Schüssel mit Salz, Zucker und Hefe vermengen. Olivenöl hinzufügen und mit warmem Wasser zu einem weichen Teig verarbeiten.

2 Auf einer bemehlten Arbeitsfläche 5 Minuten kneten, bis der Teig glatt und elastisch ist. Dann wieder in die Schüssel legen, locker mit eingeölter Frischhaltefolie abdecken und an einem warmen Ort ca. 1 Stunde zu doppelter Größe aufgehen lassen.

3 Den Teig auf einer bemehlten Arbeitsfläche nochmals gründlich durchkneten und nach und nach die gehackten Oliven und Tomaten einarbeiten. Zu einem Fladen formen (ca. 20 cm Durchmesser) und auf ein gefettetes Backblech legen. Mit einem scharfen Messer Kuchenstücke anzeichnen.

4 Den Teig mit Salz und Paprika bestreuen, mit eingeölter Frischhaltefolie abdecken und an einem warmen Ort weitere 30 Minuten gehen lassen, bis der Teig um etwa die Hälfte aufgegangen ist.

5 Frischhaltefolie entfernen und im vorgeheizten Backofen bei 200°C (Gas Stufe 6) 30 Minuten backen. Eventuell nach 15 Minuten mit Alufolie abdecken, damit die Kruste nicht zu stark bräunt.

6 Backblech herausnehmen (Ofenhandschuhe nicht vergessen!) und das Brot mit einem Palettenmesser lösen. Auf einem Kuchengitter abkühlen lassen.

Im Brotbackautomaten

1 Backform aus dem Automaten nehmen und die Knethaken aufstecken. Kaltes Wasser und Öl einfüllen. Anschließend Mehl, Salz und Zucker hinzufügen. Eine Vertiefung in das Mehl drücken und die Hefe hineinfüllen (siehe Seite 14).

2 Backform in den Brotbackautomaten stellen und den Deckel schließen. Programm »Teig« wählen und die Starttaste drücken.

3 Nach Ablauf des Programms die Backform herausnehmen und den Teig auf einer bemehlten Arbeitsfläche, wie links unter Schritt 3 beschrieben, weiterverarbeiten.

Ergibt 1 großen Laib

Tipp Falls man in Öl eingelegte Tomaten verwenden möchte, sollte man diese gut abtropfen lassen und die doppelte Menge verwenden, da sie durch das aufgenommene Öl schwerer sind.

4 Süße Brote

Sckokoladen-Bananen-Brot

300 g reife Bananen (2–3 Stück)
2 EL Zitronensaft
500 g Weizenmehl Type 550
2 EL Milchpulver
½ TL Salz
2 EL Zucker
2 EL Butter
1½ TL Trockenhefe
200 ml Wasser
175 g Milchschokolade
Puderzucker und Kakaopulver zum Bestreuen

Von Hand

1 Wie rechts unter Schritt 1 beschrieben vorgehen.

2 Mehl, Milchpulver, Salz und Zucker in eine große Schüssel geben, Butter hinzufügen und alles mit den Fingern vermengen, bis Streusel entstehen. Hefe und zerdrückte Bananen hinzugeben und alles mit warmem Wasser zu einem weichen Teig verarbeiten.

3 Auf einer bemehlten Arbeitsfläche 5 Minuten kneten, bis der Teig glatt und elastisch ist. Danach wieder in die Schüssel legen und mit eingeölter Frischhaltefolie abgedeckt an einem warmen Ort ca. 1 Stunde zu doppelter Größe aufgehen lassen.

4 Den Teig auf einer bemehlten Arbeitsfläche nochmals gründlich durchkneten und nach und nach die gewürfelte Schokolade einarbeiten. Den Teig in eine gefettete Brotform (ca. 1,8 Liter Fassungsvermögen) legen, locker mit eingeölter Frischhaltefolie abdecken und weitere 30 Minuten gehen lassen, bis er um etwa die Hälfte aufgegangen ist.

5 Die Frischhaltefolie entfernen und das Brot im vorgeheizten Backofen bei 200°C (Gas Stufe 6) 35–40 Minuten backen, bis es goldbraun ist und hohl klingt, wenn man mit den Fingerspitzen darauf klopft. Eventuell nach 20 Minuten mit Alufolie abdecken, damit die Kruste nicht zu stark bräunt.

6 Backform herausnehmen (Ofenhandschuhe nicht vergessen!) und das Brot mit einem Palettenmesser aus der Form lösen. Auf einem Kuchengitter abkühlen lassen und mit Puderzucker und Kakaopulver bestreuen.

Im Brotbackautomaten

1 Bananen schälen, auf einem Teller mit einer Gabel zerdrücken und mit Zitronensaft mischen.

2 Backform aus dem Automaten nehmen und die Knethaken aufstecken. Zerdrückte Bananen, kaltes Wasser, Milchpulver und Butter hineingeben, Mehl einfüllen und schließlich Salz und Zucker hinzufügen. Eine Vertiefung in das Mehl drücken und die Hefe hineinfüllen (siehe Seite 14).

3 Backform in den Automaten stellen und den Deckel schließen. Programm »Weißbrot«, Brotgröße 1 kg und den gewünschten Bräunungsgrad wählen. Starttaste drücken.

4 Die gewürfelte Schokolade beim ersten Signalton zum Teig geben. Deckel schließen und Programm beenden lassen.

5 Nach Ablauf des Programms die Backform mit Ofenhandschuhen herausnehmen. Brot mit einem Holzwender aus der Form lösen, auf einem Kuchengitter auskühlen lassen und mit gesiebtem Puderzucker und Kakaopulver bestreuen.

Ergibt 1 sehr großen Laib

Sonntagsbrot

500 g Weizenmehl Type 550
2 EL Butter
4 EL Milchpulver
1 TL Salz
75 g Zucker
1 ¼ TL Trockenhefe
300 ml Wasser
1 ½ TL Zimt
½ TL geriebener Muskat

Von Hand

1 Mehl in eine große Schüssel geben, Butter hinzufügen und mit den Fingern vermengen, bis Streusel entstehen. Milchpulver, Salz, 1 TL Zucker und Hefe hinzufügen und alles mit warmem Wasser zu einem weichen Teig verarbeiten.

2 Auf einer bemehlten Arbeitsfläche 5 Minuten kneten, bis der Teig glatt und elastisch ist. Wieder in die Schüssel legen und mit eingeölter Frischhaltefolie abgedeckt an einem warmen Ort ca. 1 Stunde zu doppelter Größe aufgehen lassen.

3 Auf einer bemehlten Arbeitsfläche nochmals gründlich durchkneten, in 30 Portionen teilen und zu kleinen Kugeln formen.

4 Restlichen Zucker, Zimt und Muskat in einer flachen Schüssel vermengen. Jede Teigkugel in der Zuckermischung rollen und 14 Kugeln nebeneinander in eine gefettete Springform (ca. 20 cm Durchmesser) legen. Die restlichen Teigkugeln ziegelartig in einer zweiten Schicht anordnen.

5 Locker mit eingeölter Frischhaltefolie abdecken und an einem warmen Ort weitere 30 Minuten gehen lassen. Der Teig sollte bis zum Rand der Backform aufgegangen sein.

6 Frischhaltefolie entfernen und Brot im vorgeheizten Backofen bei 200°C (Gas Stufe 6) 35 Minuten backen. Eventuell nach 15 Minuten mit Alufolie abdecken, damit die Kruste nicht zu stark bräunt.

7 Brot mit einem Palettenmesser aus der Form lösen. Auf einem Kuchengitter abkühlen lassen und mit dem restlichen Zimtzucker bestreuen.

Im Brotbackautomaten

1 Backform aus dem Automaten nehmen und die Knethaken aufstecken. Kaltes Wasser, Butter und Milchpulver hineingeben, Mehl einfüllen und schließlich Salz sowie 1 TL Zucker hinzufügen. Eine Vertiefung in das Mehl drücken und die Hefe hineinfüllen (siehe Seite 14).

2 Backform in den Automaten stellen, Deckel schließen und Programm »Teig« wählen. Starttaste drücken.

3 Nach Ablauf des Programms Backform herausnehmen und den Teig auf einer bemehlten Arbeitsfläche, wie links unter Schritt 3 beschrieben, weiterverarbeiten.

Ergibt 1 großen Laib

Schokoladen-Nuss-Brot

500 g Weizenmehl Type 550
3 EL Butter
½ TL Salz
50 g Zucker
1 ½ TL Trockenhefe
2 Eier, verquirlt

FÜLLUNG:
500 g Weizenmehl Type 550
3 EL Butter
½ TL Salz
50 g Zucker
1½ TL Trockenhefe
2 Eier, verquirlt

Von Hand

1 Mehl in eine große Schüssel geben, Butter hinzufügen und mit den Fingern vermengen, bis Streusel entstehen. Salz, Zucker, Hefe und verquirlte Eier hinzufügen und mit warmer Milch zu einem weichen Teig verarbeiten.

2 Auf einer bemehlten Arbeitsfläche 5 Minuten kneten, bis der Teig glatt und elastisch ist. Dann wieder in die Schüssel legen und mit eingeölter Frischhaltefolie abgedeckt an einem warmen Ort ca. 1 Stunde zu doppelter Größe aufgehen lassen.

3 Den Teig auf einer bemehlten Arbeitsfläche nochmals gründlich durchkneten und zu einem Quadrat ausrollen (ca. 27 x 27 cm). Jeweils drei Viertel der Schokolade und Nüsse sowie den Zucker darauf verteilen.

4 Teig aufrollen und in eine Backform legen (ca. 1,8 Liter Fassungsvermögen). Locker mit eingeölter Frischhaltefolie abdecken und an einem warmen Ort weitere 30 Minuten gehen lassen. Der Teig sollte bis zum Rand der Backform aufgegangen sein.

5 Frischhaltefolie entfernen, das Eigelb mit 1 EL Wasser verquirlen und den Teig damit bestreichen. Restliche Nüsse und Schokolade darauf verteilen. Im vorgeheizten Backofen bei 200°C (Gas Stufe 6) 35–40 Minuten backen, bis das Brot dunkelbraun ist und hohl klingt, wenn man mit den Fingerspitzen darauf klopft. Nach 10 Minuten mit Alufolie abdecken, damit die Kruste nicht zu stark bräunt.

6 Brot mit einem Palettenmesser aus der Form lösen. Auf einem Kuchengitter abkühlen lassen.

Im Brotbackautomaten

1 Backform aus dem Automaten nehmen und die Knethaken aufstecken. Milch, verquirlte Eier und Butter hineingeben, Mehl einfüllen und schließlich Salz und Zucker hinzufügen. Eine Vertiefung in das Mehl drücken und die Hefe hineinfüllen (siehe Seite 14).

2 Backform in den Brotbackautomaten stellen, Deckel schließen und Programm »Teig« wählen. Starttaste drücken.

3 Nach Ablauf des Programms die Backform herausnehmen und den Teig auf einer bemehlten Arbeitsfläche, wie links unter Schritt 3 beschrieben, weiterverarbeiten.

Ergibt 1 sehr großen Laib

Tipp Da dieses Brot frische Milch und Eier enthält, sollte keine Zeitverzögerung programmiert werden.

Safran-Sultaninen-Brot

¾ TL Safranfäden
3 EL kochendes Wasser
475 g Weizenmehl Type 550
3 EL Butter
2 EL Milchpulver
¼ TL Salz
¼ TL Zimt
75 g Zucker
1 ¼ TL Trockenhefe
250 ml Wasser
125 g Sultaninen
50 g Zitronat

GLASUR:
2 EL Milch
1 EL Zucker

Von Hand

1 Zunächst wie rechts unter Schritt 1 beschrieben vorgehen.

2 Mehl in eine große Schüssel geben, Butter hinzufügen und mit den Fingern vermengen, bis Streusel entstehen. Milchpulver, Salz, Zimt, Zucker und Hefe dazugeben.

3 Safranfäden und Einweichflüssigkeit hinzufügen, mit warmem Wasser zu einem weichen Teig verarbeiten.

4 Auf einer bemehlten Arbeitsfläche 5 Minuten kneten, bis der Teig glatt und elastisch ist. Anschließend nach und nach Sultaninen und Zitronat einarbeiten. Den Teig wieder in die Schüssel legen und mit eingeölter Frischhaltefolie abgedeckt an einem warmen Ort ca. 1 Stunde zu doppelter Größe aufgehen lassen.

5 Den Teig auf einer bemehlten Arbeitsfläche nochmals gründlich durchkneten, einen ovalen Brotlaib formen und in eine Brotbackform (ca. 1,8 Liter Fassungsvermögen) legen. Locker mit eingeölter Frischhaltefolie abdecken und weitere 30 Minuten gehen lassen. Der Teig sollte bis zum Rand der Backform aufgehen.

6 Frischhaltefolie entfernen und im vorgeheizten Backofen bei 200°C (Gas Stufe 6) 35–40 Minuten backen. Nach 15 Minuten mit Alufolie abdecken, damit die Kruste nicht zu stark bräunt.

7 Backform herausnehmen (Ofenhandschuhe nicht vergessen!) und das Brot mit einem Palettenmesser aus der Form lösen. Auf einem Kuchengitter abkühlen lassen und, wie rechts unter Schritt 5 beschrieben, fortfahren.

Im Brotbackautomaten

1 Safranfäden in einer kleinen Schüssel oder einer Tasse mit kochendem Wasser übergießen und mindestens 15 Minuten einweichen.

2 Backform aus dem Automaten nehmen und die Knethaken aufstecken. Safranfäden, Einweichflüssigkeit, kaltes Wasser, Milchpulver und Butter hineingeben, Mehl einfüllen und schließlich Zimt, Salz und Zucker hinzufügen. Eine Vertiefung in das Mehl drücken und die Hefe hineinfüllen (siehe Seite 14).

3 Backform in den Brotbackautomaten stellen und den Deckel schließen. Programm »Weißbrot«, Brotgröße 1 kg sowie mittleren Bräunungsgrad wählen. Starttaste drücken.

4 Beim ersten Signalton die Sultaninen und das Zitronat zum Teig geben. Deckel schließen und Programm beenden lassen.

5 Nach Ablauf des Programms die Backform mit Ofenhandschuhen herausnehmen, das Brot mit einem Holzwender aus der Form lösen und auf ein Kuchengitter legen. Milch und Zucker in einem kleinen Topf ca. 1 Minute erhitzen, bis sich der Zucker aufgelöst hat. Das heiße Brot mit der Glasur bestreichen und abkühlen lassen.

Ergibt 1 sehr großen Laib

Honigbrot mit Fenchel und Joghurt

Am besten schmeckt dieses köstliche Brot mit Butter und Aprikosenmarmelade.

500 g Weizenmehl Type 550
2 EL Butter
½ TL Salz
2 EL Fenchelsamen, grob zerdrückt
1 ¼ TL Trockenhefe
4 EL cremiger Honig
150 g griechischer Joghurt
200 ml Wasser

Von Hand

1 Mehl in eine große Schüssel geben, Butter hinzufügen und mit den Fingern vermengen, bis Streusel entstehen. Salz, Fenchelsamen und Hefe hinzufügen und mit warmem Wasser zu einem weichen Teig verarbeiten.

2 Auf einer bemehlten Arbeitsfläche 5 Minuten kneten, bis der Teig glatt und elastisch ist. Wieder in die Schüssel legen und mit eingeölter Frischhaltefolie abgedeckt an einem warmen Ort ca. 1 Stunde zu doppelter Größe aufgehen lassen.

3 Den Teig auf einer bemehlten Arbeitsfläche nochmals gründlich durchkneten und zu einem runden Laib formen. Auf ein gefettetes Backblech legen und die Oberfläche kreuzweise einschneiden. Locker mit eingeölter Frischhaltefolie abdecken und weitere 45 Minuten gehen lassen, bis der Teig um etwa die Hälfte aufgegangen ist.

4 Frischhaltefolie entfernen, Brot mit etwas Mehl bestreuen und im vorgeheizten Backofen bei 200°C (Gas Stufe 6) 30–35 Minuten goldbraun backen, bis es hohl klingt, wenn man mit den Fingerspitzen darauf klopft. Eventuell nach 15 Minuten mit Alufolie abdecken, damit die Kruste nicht zu stark bräunt.

5 Backblech herausnehmen (Ofenhandschuhe nicht vergessen!) und auf einem Kuchengitter abkühlen lassen.

Im Brotbackautomaten

1 Backform aus dem Automaten nehmen und die Knethaken aufstecken. Kaltes Wasser, Joghurt, Butter und Honig hineingeben, Mehl einfüllen und schließlich Salz und Fenchelsamen hinzufügen. Eine Vertiefung in das Mehl drücken und die Hefe hineinfüllen (siehe Seite 14).

2 Backform in den Automaten stellen, Programm »Weißbrot«, Brotgröße 1 kg sowie gewünschten Bräunungsgrad wählen. Starttaste drücken.

3 Nach Ablauf des Programms Backform mit Ofenhandschuhen herausnehmen. Brot mit einem Holzwender aus der Form lösen und auf einem Kuchengitter auskühlen lassen.

Ergibt 1 sehr großen Laib

Feigen-Orangen-Brot mit Ingwer

Saft 1er großen Orange oder 200 ml Orangensaft
150 g getrocknete Feigen, gehackt
175 g Vollkornmehl
300 g Weizenmehl Type 550
2 EL Butter
1 TL Salz
1 ¼ TL Trockenhefe
4 EL cremiger Honig
150 ml Wasser
4 TL kandierter Ingwer
Milch zum Bestreichen

Von Hand

1 Wie rechts unter Schritt 1 beschrieben vorgehen.

2 Mehl in eine große Schüssel geben, Butter hinzufügen und mit den Fingern vermengen, bis Streusel entstehen. Salz, Hefe und Honig hinzufügen und mit warmem Wasser zu einem weichen Teig verarbeiten.

3 Auf einer bemehlten Arbeitsfläche 5 Minuten kneten, bis der Teig glatt und elastisch ist. Nach und nach die eingeweichten Feigen und den Ingwer einarbeiten. Den Teig wieder in die Schüssel legen und mit eingeölter Frischhaltefolie abgedeckt an einem warmen Ort ca. 1 Stunde zu doppelter Größe aufgehen lassen.

4 Den Teig auf einer bemehlten Arbeitsfläche nochmals gründlich durchkneten, zu einem ovalen Laib formen und in eine gefettete Brotform (ca. 1,8 Liter Fassungsvermögen) legen. Locker mit eingeölter Frischhaltefolie abdecken und an einem warmen Ort weitere 30 Minuten gehen lassen. Der Teig sollte bis zum Rand der Backform aufgegangen sein.

5 Frischhaltefolie entfernen, Teig mit Milch bestreichen und im vorgeheizten Backofen bei 200°C (Gas Stufe 6) 35–40 Minuten backen, bis das Brot dunkelbraun ist und hohl klingt, wenn man mit den Fingerspitzen darauf klopft. Eventuell nach 15 Minuten mit Alufolie abdecken, damit die Kruste nicht zu stark bräunt.

6 Backform herausnehmen (Ofenhandschuhe nicht vergessen!). Brot mit einem Palettenmesser aus der Form lösen und auf einem Kuchengitter abkühlen lassen.

Im Brotbackautomaten

1 Orangensaft in einem kleinen Topf erwärmen, Feigen hinzufügen und 30 Minuten einweichen lassen.

2 Backform aus dem Automaten nehmen und die Knethaken aufstecken. Abgegossenen Orangensaft, die Hälfte der eingeweichten Feigen, kaltes Wasser, Honig und Butter hineingeben, Mehl einfüllen und schließlich Salz und Zucker hinzufügen. Eine Vertiefung in das Mehl drücken und die Hefe hineinfüllen (siehe Seite 14).

3 Backform in den Automaten stellen und den Deckel schließen. Programm »Weißbrot«, Brotgröße 1 kg und den gewünschten Bräunungsgrad wählen. Starttaste drücken.

4 Restliche Feigen und Ingwer beim ersten Signalton zum Teig geben, mit einem Teigschaber nachhelfen, falls etwas an den Wänden der Backform anhaftet. Deckel schließen und Programm beenden lassen.

5 Backform mit Ofenhandschuhen herausnehmen. Brot mit einem Holzwender aus der Form lösen und auf einem Kuchengitter auskühlen lassen.

Ergibt 1 sehr großen Laib

Malzbrot mit Rosinen

Mit Butter und Honig bestrichen schmeckt dieses saftige Rosinenbrot frisch oder getoastet herrlich zum Frühstück.

425 g Weizenmehl Type 550
2 EL heller brauner Zucker
2 EL Milchpulver
1 TL Salz
1 ¼ TL Trockenhefe
1 EL Farbmalz
2 EL Sonnenblumenöl
2 TL Zuckerrübensirup
200 ml Wasser
125 g Rosinen
Glasur:
2 EL Milch
1 EL Zucker

Von Hand

1 Mehl in einer großen Schüssel mit Zucker, Milchpulver, Salz und Hefe vermengen. Farbmalz, Öl und Zuckerrübensirup hinzufügen und mit warmem Wasser zu einem weichen Teig verarbeiten.

2 Auf einer bemehlten Arbeitsfläche 5 Minuten kneten, bis der Teig glatt und elastisch ist. Rosinen einarbeiten und anschließend wieder in die Schüssel legen, locker mit eingeölter Frischhaltefolie abdecken und ca. 1 Std. an einem warmen Ort zu doppelter Größe aufgehen lassen.

3 Den Teig auf einer bemehlten Arbeitsfläche nochmals gründlich durchkneten und in eine gefettete Brotbackform (ca. 1 Liter Fassungsvermögen) legen.

4 Locker mit eingeölter Frischhaltefolie abdecken und an einem warmen Ort weitere 30 Minuten gehen lassen. Der Teig sollte bis zum Rand der Backform aufgegangen sein.

5 Frischhaltefolie entfernen und Brot im vorgeheizten Backofen bei 200°C (Gas Stufe 6) 30–35 Minuten backen, bis es goldbraun ist und hohl klingt, wenn man mit den Fingerspitzen darauf klopft. Eventuell nach 15 Minuten mit Alufolie abdecken, damit die Kruste nicht zu stark bräunt.

6 Backform herausnehmen und Brot mit einem Palettenmesser aus der Form lösen. Zum Auskühlen auf ein Kuchengitter legen. Anschließend, wie rechts unter Schritt 4 beschrieben, glasieren.

Im Brotbackautomaten

1 Backform aus dem Automaten nehmen und die Knethaken aufstecken. Kaltes Wasser, Farbmalz, Zucker, Öl, Milchpulver, Zuckerrübensirup und Salz einfüllen. Anschließend Mehl hinzufügen, eine Vertiefung in das Mehl drücken und die Hefe hineinfüllen (siehe S. 14).

2 Backform in den Automaten stellen und den Deckel schließen. Programm »Weißbrot«, Brotgröße 750 g sowie gewünschten Bräunungsgrad wählen und die Starttaste drücken.

3 Nach dem ersten Signalton die Rosinen zum Teig geben und das Programm beenden lassen.

4 Backform mit Ofenhandschuhen herausnehmen. Brot mit einem Holzwender aus der Form lösen und auf ein Kuchengitter legen. Milch und Zucker in einem kleinen Topf ca. 1 Minute erhitzen, bis sich der Zucker aufgelöst hat. Das Brot damit bestreichen und auskühlen lassen.

Ergibt 1 großen Laib

> **Tipp** Zu helle Brotlaibe mit einer Glasur bestreichen und unter dem heißen Backofengrill bräunen.

Gugelhupf

Diese österreichische Spezialität wird mit leckeren Rumtopffrüchten in der traditionellen Gugelhupfform gebacken.

3 EL Rum, Obstler oder Brandy
150 g gemischtes Trockenobst
400 g Weizenmehl Type 550
75 g Zucker
½ TL Salz
½ TL Zimt
abgeriebene Schale 1er großen Orange
2 TL Trockenhefe
75 g Butter, geschmolzen
3 Eier, verquirlt
150 ml Milch
feines Paniermehl zum Ausstreuen der Backform

Von Hand

1 Zunächst wie rechts unter Schritt 1 beschrieben vorgehen.

2 Mehl in einer großen Schüssel mit Zucker, Salz, Zimt, Orangenschale und Hefe vermengen. Geschmolzene Butter und verquirlte Eier hinzufügen und mit warmem Wasser zu einem dickflüssigen Teig verarbeiten.

3 Die Schüssel locker mit eingeölter Frischhaltefolie abdecken und den Teig an einem warmen Ort ca. 1 Stunde zu doppelter Größe aufgehen lassen.

4 Eine Gugelhupfform mit Sonnenblumenöl einfetten und anschließend mit feinem Paniermehl ausstreuen. Eingeweichte Früchte und Alkohol unter den Teig heben und in die Form füllen.

5 Die Schüssel locker mit eingeölter Frischhaltefolie abdecken und an einem warmen Ort weitere 45 Minuten gehen lassen. Der Teig sollte bis zum Rand der Backform aufgegangen sein.

6 Frischhaltefolie entfernen und Gugelhupf im vorgeheizten Backofen bei 190°C (Gas Stufe 6) 35–40 Minuten backen. Eventuell nach 20 Minuten mit Alufolie abdecken, damit die Kruste nicht zu stark bräunt.

7 Gugelhupf noch 5 Minuten in der Form belassen, anschließend mit einem kleinen Messer vorsichtig aus der Form lösen und auf einem Kuchengitter abkühlen lassen.

Im Brotbackautomaten

1 Alkohol in einem kleinen Topf erhitzen, Trockenobst hinzufügen und 2 Stunden einweichen.

2 Backform aus dem Automaten nehmen und die Knethaken aufstecken. Milch, geschmolzene Butter und verquirlte Eier einfüllen. Anschließend Mehl, Zucker, Salz, Zimt und abgeriebene Orangenschale hinzufügen, eine Vertiefung in das Mehl drücken und die Hefe hineinfüllen (siehe Seite 14).

3 Backform in den Automaten stellen, Deckel schließen und Programm »Teig« wählen. Starttaste drücken.

4 Nach Ablauf des Programms die Backform herausnehmen und den Teig, wie links unter Schritt 4 beschrieben, weiterverarbeiten.

Ergibt 1 Laib

Tipp Da dieses Brot frische Milch, Butter und Eier enthält, sollte keine Zeitverzögerung programmiert werden. Gugelhupfformen aus Metall oder Silikon gibt es im gut sortierten Fachhandel. Ersatzweise kann man auch eine einfache Kranzform verwenden (ca. 23 cm Durchmesser). Metallbackformen stets mit Öl einfetten, damit nichts anbäckt.

Nektarinen-Marzipan-Brot

Diese Zitronenbrot-Variante wird dick mit geraspeltem Marzipan und Nektarinen belegt. Es wird in einer Tarteform gebacken und ist eine Zwischenform aus süßer Pizza und Tarte mit Brotteig.

300 g Weizenmehl Type 550
2 EL Butter
¼ TL Salz
25 g Zucker
1 EL Milchpulver
abgeriebene Schale 1er Zitrone
¾ TL Trockenhefe
1 Ei, verquirlt
150 ml Wasser

BELAG:
125 g Marzipan
500 g reife Nektarinen
25 g Butter, geschmolzen
2 EL Zucker

DEKORATION:
geröstete Mandelblättchen
Puderzucker

Von Hand

1 Mehl in eine große Schüssel geben, Butter hinzufügen und mit den Fingern vermengen, bis Streusel entstehen. Salz, Zucker, Milchpulver, abgeriebene Zitronenschale und Hefe hinzufügen. Verquirltes Ei dazugeben und mit warmem Wasser zu einem weichen Teig verarbeiten.

2 Teig auf einer bemehlten Arbeitsfläche 5 Minuten kneten, bis er glatt und elastisch ist. Wieder in die Schüssel legen und mit eingeölter Frischhaltefolie abgedeckt an einem warmen Ort ca. 1 Stunde zu doppelter Größe aufgehen lassen.

3 Auf einer bemehlten Arbeitsfläche nochmals gründlich durchkneten und in einer mit Butter gefetteten Tarteform (Durchmesser ca. 28 cm) verteilen.

4 Mit geraspeltem Marzipan bestreuen. Nektarinen halbieren, entsteinen, in Spalten schneiden und den Teig damit belegen. Nicht abdecken und an einem warmen Ort weitere 40 Minuten gehen lassen, bis der Teig um etwa die Hälfte aufgegangen ist.

5 Obst mit Butter bestreichen, mit Zucker bestreuen und Brot im vorgeheizten Backofen bei 200°C (Gas Stufe 6) 15 Minuten backen. Anschließend mit Alufolie abdecken, Temperatur auf 180°C (Gas Stufe 4) herunterschalten und weitere 35–40 Minuten backen.

6 Brot 10 Minuten in der Form belassen. Mitsamt dem Boden herausnehmen und auf eine Kuchenplatte legen. Geröstete Mandelblättchen und Puderzucker darüberstreuen. Warm oder kalt servieren.

Im Brotbackautomaten

1 Backform aus dem Automaten nehmen und die Knethaken aufstecken. Kaltes Wasser, verquirltes Ei, Butter und Milchpulver hineingeben und anschließend Mehl, Salz, Zucker und abgeriebene Zitronenschale hinzufügen. Eine Vertiefung in das Mehl drücken und die Hefe hineinfüllen (siehe Seite 14).

2 Backform in den Automaten stellen, Deckel schließen und das Programm »Teig« wählen. Starttaste drücken.

3 Nach Ablauf des Programms die Backform herausnehmen und den Teig auf einer bemehlten Arbeitsfläche, wie links unter Schritt 3 beschrieben, weiterverarbeiten.

Ergibt 1 großen Laib (für 6–8 Personen)

Tipp Man kann statt Nektarinen auch reife Pfirsiche, Aprikosen oder Pflaumen verwenden.

Würziges Kürbisbrot

200 g Kürbisfleisch, gewürfelt
1 TL Sonnenblumenöl
4 EL Sonnenblumenkerne
400 g Weizenvollkornmehl
2 EL Butter
3 EL heller brauner Zucker
1 TL Zimt
1 TL gemahlener Ingwer
½ TL gemahlener Muskat
½ TL Salz
1 ¼ TL Trockenhefe
4 EL Ahornsirup
200 ml Wasser
Milch zum Glasieren

Von Hand

1 Zunächst wie rechts unter 1 und 2 beschrieben vorgehen.

2 Mehl in eine große Schüssel geben, Butter hinzufügen und mit den Fingern vermengen, bis Streusel entstehen. Zucker, Gewürze, Salz und Hefe zugeben. Ahornsirup sowie drei Viertel der Sonnenblumenkerne unterheben und mit Wasser zu einem weichen Teig verarbeiten.

3 Auf einer bemehlten Arbeitsfläche 5 Minuten kneten, bis der Teig glatt und elastisch ist. Danach wieder in die Schüssel legen und mit eingeölter Frischhaltefolie abgedeckt an einem warmen Ort ca. 1 Stunde zu doppelter Größe aufgehen lassen.

4 Teig auf einer bemehlten Arbeitsfläche nochmals gründlich durchkneten und den gedämpften Kürbis einarbeiten. Ist der Teig sehr klebrig, kann man noch etwas Mehl hinzufügen. Brot zu einem runden Laib formen (ca. 18 cm Durchmesser) und auf ein gefettetes Backblech legen.

5 Locker mit eingeölter Frischhaltefolie abgedeckt an einem warmen Ort weitere 30 Minuten gehen lassen, bis der Teig um etwa die Hälfte aufgegangen ist.

6 Frischhaltefolie entfernen und das Brot kreuzweise einschneiden. Mit Milch bestreichen und mit den übrigen Kernen bestreuen. Im vorgeheizten Backofen bei 200°C (Gas Stufe 6) 25–30 Minuten backen. Eventuell nach 10 Minuten mit Alufolie abdecken, damit die Sonnenblumenkerne nicht zu stark geröstet werden.

7 Auf einem Kuchengitter abkühlen lassen.

Im Brotbackautomaten

1 Das gewürfelte Kürbisfleisch in ein Dämpfkörbchen geben und über kochendem Wasser 8–10 Minuten garen.

2 Öl in einem kleinen Topf erhitzen und die Sonnenblumenkerne 2–3 Minuten goldbraun rösten.

3 Backform aus dem Automaten nehmen und Knethaken aufstecken. Kaltes Wasser, Ahornsirup, Zucker und Butter hineingeben, anschließend Mehl, drei Viertel der gerösteten Sonnenblumenkerne sowie Gewürze und Salz hinzufügen. Eine Vertiefung in das Mehl drücken und die Hefe hineinfüllen (siehe S. 14).

4 Backform in den Automaten stellen, Deckel schließen und das Programm »Teig« wählen. Starttaste drücken.

5 Nach Ablauf des Programms die Backform herausnehmen und den Teig auf einer bemehlten Arbeitsfläche, wie links unter Schritt 4 beschrieben, weiterverarbeiten.

Ergibt 1 großen Laib

Tipp Für dieses Brot können, je nach Saison und Verfügbarkeit, verschiedene Speisekürbisse verwendet werden.

Fladen-
brote

Pizza mit Spinat und Pancetta

Diese leckere Pizza mit viel Knoblauch, Pancetta und Spinat bietet eine willkommene Abwechslung zur klassischen Pizza Margarita.

400 g Weizenmehl Type 550
1 TL Salz
1 TL Zucker
1 ¼ TL Trockenhefe
3 EL Olivenöl
200 ml Wasser

BELAG:
200 g Tomatenwürfel (Fertigprodukt)
2 Knoblauchzehen, gehackt
50 g junger Spinat, gründlich gewaschen
400 g Mozzarella, abgetropft und in dünne Scheiben geschnitten
50 g in Öl eingelegte sonnengetrocknete Tomaten, in dünne Scheiben geschnitten
100 g Pancetta, gewürfelt
2 EL Olivenöl
Salz und Pfeffer

Von Hand

1 Mehl in einer großen Schüssel mit Salz, Zucker und Hefe vermengen. Öl hinzufügen und mit warmem Wasser zu einem weichen Teig verarbeiten.

2 Teig auf einer bemehlten Arbeitsfläche 5 Minuten kneten, bis er glatt und elastisch ist. Wieder in die Schüssel legen, locker mit eingeölter Frischhaltefolie abdecken und an einem warmen Ort ca. 1 Stunde zu doppelter Größe aufgehen lassen.

3 Auf einer bemehlten Arbeitsfläche nochmals gründlich durchkneten und in vier gleich große Portionen teilen. Diese zu einem Kreis von ca. 20 cm Durchmesser ausrollen und auf 2 große gefettete Backbleche legen.

4 Teig mit den Tomatenwürfeln belegen, dabei ca. 1 cm Rand freilassen. Mit Knoblauch, Salz und Pfeffer bestreuen. Spinat auf dem Pizzaboden verteilen und Mozzarella zwischen die Blätter schieben. Zum Schluss sonnengetrocknete Tomaten, Pancetta, Salz, Pfeffer und Öl darübergeben und alles an einem warmen Ort weitere 30 Minuten gehen lassen, bis die Teigränder gut aufgegangen sind.

5 Im vorgeheizten Backofen bei 220°C (Gas Stufe 7) 8–10 Minuten backen, bis der Käse Blasen wirft und der Rand gebräunt ist. Pizzen auf Teller geben und sofort servieren.

Im Brotbackautomaten

1 Backform aus dem Automaten nehmen und die Knethaken aufstecken. Kaltes Wasser und Öl einfüllen und anschließend Mehl, Salz und Zucker hinzufügen. Eine Vertiefung in das Mehl drücken und die Hefe hineinfüllen (siehe Seite 14).

2 Backform in den Automaten stellen, Deckel schließen und Programm »Teig« wählen. Starttaste drücken.

3 Nach Ablauf des Programms die Backform herausnehmen und den Teig auf einer bemehlten Arbeitsfläche, wie links unter Schritt 3 beschrieben, weiterverarbeiten.

Ergibt 4 Pizzen

Tipp Wenn man den Pizzateig von Hand macht und wenig Zeit hat, kann man den Teig 10 Minuten kneten, belegen, ein Mal gehen lassen und backen.

Pissaladière

Eine beliebte französische Zwiebel-Oliven-Tarte – mit Sardellen belegt und mit Brot- statt Kuchenteig gebacken.

250 g Weizenmehl Type 550
½ TL Salz
1 TL Zucker
¾ TL Trockenhefe
4 TL Olivenöl
150 ml Wasser

BELAG:
3 EL Olivenöl
500 g große Zwiebeln, in dünne Ringe geschnitten
1 TL Zucker
3 Knoblauchzehen, zerdrückt
einige Thymianzweige
50 g Sardellenfilets aus der Dose, abgetropft und längs halbiert
75 g entsteinte schwarze Oliven
Salz und Pfeffer

Von Hand

1 Mehl in einer großen Schüssel mit Salz, Zucker und Hefe vermengen. Öl hinzufügen und mit warmem Wasser zu einem weichen Teig verarbeiten.

2 Den Teig auf einer bemehlten Arbeitsfläche 5 Minuten kneten, bis er glatt und elastisch ist. Wieder in die Schüssel legen, locker mit eingeölter Frischhaltefolie abdecken und an einem warmen Ort ca. 45 Minuten zu doppelter Größe aufgehen lassen.

3 In der Zwischenzeit Öl in einer Pfanne erhitzen und die Zwiebeln 15 Minuten glasig dünsten, dabei gelegentlich umrühren. Zucker und Knoblauch zugeben und die Temperatur erhöhen. Unter stetigem Rühren weitere 5 Minuten braten, bis die Zwiebeln gebräunt sind. Beiseite stellen.

4 Teig auf einer bemehlten Arbeitsfläche nochmals gründlich durchkneten, zu einem Rechteck ausrollen (ca. 25 x 37 cm), auf ein Kuchenblech legen und die Ränder hochziehen.

5 Thymianblättchen von den Stängeln abstreifen und unter die Zwiebeln mischen. Salzen und pfeffern. Zwiebelmischung gleichmäßig auf dem Teig verteilen, dabei einen schmalen Rand freilassen. Die abgetropften Sardellen gitterförmig auf die Zwiebeln legen und Oliven dazwischen verteilen. Tarte weitere 30 Minuten an einem warmen Ort gehen lassen. Der Teig sollte bis zum Rand des Kuchenblechs aufgegangen sein.

6 Im vorgeheizten Backofen bei 220°C (Gas Stufe 7) 12–15 Minuten backen, bis die Ränder goldbraun sind.

Im Brotbackautomaten

1 Backform aus dem Automaten nehmen und die Knethaken aufstecken. Kaltes Wasser und Öl einfüllen und anschließend Mehl, Salz und Zucker hinzufügen. Eine Vertiefung in das Mehl drücken und die Hefe hineinfüllen (siehe Seite 14).

2 Backform in den Automaten stellen, Deckel schließen und Programm »Teig« wählen. Starttaste drücken.

3 Nach Ablauf des Programms die Backform herausnehmen. Teig und Füllung entsprechend der links unter Schritt 3 beschriebenen Anweisung formen und zubereiten.

Ergibt 1 große Tarte (für 4 Personen)

Tipp Statt Thymian kann man nach Belieben auch Rosmarin, Basilikum oder Oregano verwenden.

Basilikum-Stangen mit Knoblauch

400 g Weizenmehl Type 550
1 TL Salz
1 TL Zucker
1 ¼ TL Trockenhefe
2 EL Olivenöl
200 ml Wasser
grobes Meersalz

BELAG:
100 g Butter
3 Knoblauchzehen, fein gehackt
1 kleines Bund Basilikum
Pfeffer

Von Hand

1 Mehl in einer großen Schüssel mit Salz, Zucker und Hefe vermengen. Öl hinzufügen und mit warmem Wasser zu einem weichen Teig verarbeiten.

2 Den Teig auf einer bemehlten Arbeitsfläche 5 Minuten kneten, bis er glatt und elastisch ist. Wieder in die Schüssel legen, locker mit eingeölter Frischhaltefolie abdecken und an einem warmen Ort ca. 1 Stunde zu doppelter Größe aufgehen lassen.

3 Auf einer bemehlten Arbeitsfläche nochmals gründlich durchkneten und halbieren. Jede Portion zu einem dünnen Oval ausrollen (ca. 35 x 18 cm) und auf 2 gefettete Backbleche legen. Teig in 2,5 cm breite Streifen schneiden, dabei den Teigfladen an den Rändern nicht durchschneiden.

4 Teig mit grobem Meersalz bestreuen, locker mit eingeölter Frischhaltefolie abdecken und an einem warmen Ort weitere 30 Minuten gehen lassen, bis die Teigränder gut aufgegangen sind.

5 Frischhaltefolie entfernen und die Stangen im vorgeheizten Backofen bei 220°C (Gas Stufe 7) 8–10 Minuten backen, bis das Brot goldbraun ist und hohl klingt, wenn man mit den Fingerspitzen darauf klopft. Auf 2 große Teller legen.

6 Ein kleines Stück Butter in einem Topf schmelzen, Knoblauch hinzufügen und 2–3 Minuten braten, bis der Knoblauch leicht anbräunt. Restliche Butter sowie grob zerkleinerte Basilikumblätter dazugeben und mit schwarzem Pfeffer abschmecken. Das heiße Brot mit der Mischung bestreichen, zu Stangen schneiden und sofort servieren.

Im Brotbackautomaten

1 Backform aus dem Automaten nehmen und die Knethaken aufstecken. Kaltes Wasser und Öl einfüllen. Anschließend Mehl, Salz und Zucker hinzufügen. Eine Vertiefung in das Mehl drücken und die Hefe hineinfüllen (siehe Seite 14).

2 Backform in den Automaten stellen, Deckel schließen und Programm »Teig« wählen. Starttaste drücken.

3 Nach Ablauf des Programms die Backform herausnehmen und den Teig auf einer bemehlten Arbeitsfläche, wie links unter Schritt 3 beschrieben, weiterverarbeiten.

Ergibt etwa 20 Stangen

Tipp Die Brotstangen lassen sich gut vorbereiten. Das Brot dünn mit ein wenig Buttermischung bestreichen und auf einem Kuchengitter völlig auskühlen lassen. Kurz vor dem Servieren aufwärmen und mit der restlichen Buttermischung bestreichen.

Grissini

Die knusprigen italienischen Brotstangen passen im Grunde zu allem – zu Drinks, einer gemischten Vorspeisenplatte, Oliven, Salami, Parmaschinken, eingelegter Paprika, Artischockenherzen oder verschiedenen Salaten.

475 g Weizenmehl Type 550
1 ½ TL Zucker
1 TL Salz
1 ¼ TL Trockenhefe
3 EL Olivenöl
275 ml Wasser
5 TL Sesam
2 TL Fenchelsamen
1 EL frischer Rosmarin, Basilikum oder Schnittlauch, gehackt
1 Eigelb zum Bestreichen
1 TL Hagelsalz

Von Hand

1 Mehl in einer großen Schüssel mit Salz, Zucker und Hefe vermengen. Öl hinzufügen und mit warmem Wasser zu einem weichen Teig verarbeiten.

2 Auf einer bemehlten Arbeitsfläche 5 Minuten kneten, bis der Teig glatt und elastisch ist. Wieder in die Schüssel legen, locker mit eingeölter Frischhaltefolie abdecken und an einem warmen Ort ca. 1 Stunde zu doppelter Größe aufgehen lassen.

3 Den Teig auf einer bemehlten Arbeitsfläche nochmals gründlich durchkneten und in vier gleich große Portionen teilen. Eine Portion mit Sesam vermengen, eine mit Fenchelsamen, eine mit gehackten Kräutern und eine Portion pur belassen. Jede der vier Portionen in 8 Stücke teilen und zu langen Rollen (ca. 25 cm Länge) formen. Auf 2 gefetteten Backblechen verteilen.

4 Locker mit eingeölter Frischhaltefolie abdecken und an einem warmen Ort weitere 30 Minuten gehen lassen.

5 Frischhaltefolie entfernen, Eigelb mit 1 EL Wasser verquirlen und die Brotstangen damit bestreichen. Die Stangen ohne Zusatz mit Salz bestreuen. Im vorgeheizten Backofen bei 200°C (Gas Stufe 6) 6–8 Minuten goldbraun backen.

6 Backbleche mit Ofenhandschuhen herausnehmen und die Brotstangen mit einem Palettenmesser lösen. Auf einem Kuchengitter auskühlen lassen.

Im Brotbackautomaten

1 Backform aus dem Automaten nehmen und die Knethaken aufstecken. Kaltes Wasser und Öl einfüllen. Anschließend Mehl, Salz und Zucker hinzufügen. Eine Vertiefung in das Mehl drücken und die Hefe hineinfüllen (siehe Seite 14).

2 Backform in den Automaten stellen, Deckel schließen und Programm »Teig« wählen. Starttaste drücken.

3 Nach Ablauf des Programms die Backform herausnehmen und den Teig auf einer bemehlten Arbeitsfläche, wie links unter Schritt 3 beschrieben, weiterverarbeiten.

Ergibt 32 Stangen

Pita

Pita ist ein weiches Fladenbrot, das beim Backen luftig aufgeht. Es kann mit gegrilltem Fleisch oder Gemüse gefüllt oder, in Streifen geschnitten, mit Dips serviert werden.

375 g Weizenmehl Type 550
1 TL Salz
1 TL Zucker
1 ½ TL Trockenhefe
1 EL Olivenöl
250 ml Wasser

Von Hand

1 Mehl in einer großen Schüssel mit Salz, Zucker und Hefe vermengen. Öl hinzufügen und mit warmem Wasser zu einem weichen Teig verarbeiten.

2 Den Teig auf einer bemehlten Arbeitsfläche 5 Minuten kneten, bis er glatt und elastisch ist. Wieder in die Schüssel legen, locker mit eingeölter Frischhaltefolie abdecken und an einem warmen Ort ca. 1 Stunde zu doppelter Größe aufgehen lassen.

3 Auf einer bemehlten Arbeitsfläche nochmals gründlich durchkneten, in 8 gleich große Portionen teilen und zu Ovalen (etwa handtellergroß) ausrollen.

4 Fladen auf geölte Frischhaltefolie legen und locker mit eingeölter Frischhaltefolie abdecken. An einem warmen Ort ca. 15 Minuten gehen lassen.

5 Im vorgeheizten Backofen 3 Backbleche bei 220°C (Gas Stufe 7) 5–7 Minuten erhitzen und anschließend mit kaltem Wasser abspülen, damit die Brote nicht anbacken. Fladenbrote rasch auf die heißen Backbleche legen und 6–8 Minuten backen, bis sie luftig aufgegangen sind und leicht braun werden.

6 Pita warm servieren oder in ein Geschirrtuch gewickelt (so bleibt das Brot weich) auf einem Kuchengitter abkühlen lassen. Zum Servieren aufschneiden und nach Belieben füllen.

Im Brotbackautomaten

1 Backform aus dem Automaten nehmen und die Knethaken aufstecken. Kaltes Wasser und Öl einfüllen und anschließend Mehl, Salz und Zucker hinzufügen. Eine Vertiefung in das Mehl drücken und die Hefe hineinfüllen (siehe Seite 14).

2 Backform in den Automaten stellen, Deckel schließen und Programm »Teig« wählen. Starttaste drücken.

3 Nach Ablauf des Programms die Backform herausnehmen und den Teig auf einer bemehlten Arbeitsfläche, wie links unter Schritt 3 beschrieben, weiterverarbeiten.

Ergibt 8 Fladenbrote

Tipp Pitabrote zum Aufbacken mit etwas Wasser beträufeln und von jeder Seite 1 Minute unter den heißen Backofengrill legen.

Focaccia mit Tomaten

475 g Weizenmehl Type 550
1 TL Zucker
1 TL Salz
1 ½ TL Trockenhefe
3 EL Olivenöl
275 ml Wasser

BELAG:
200 g Kirschtomaten
einige Rosmarinzweige
einige schwarze Oliven
1 TL Hagelsalz
3 EL Olivenöl

Von Hand

1 Mehl in einer großen Schüssel mit Salz, Zucker und Hefe vermengen. Öl hinzufügen und mit warmem Wasser zu einem weichen Teig verarbeiten.

2 Den Teig auf einer bemehlten Arbeitsfläche 5 Minuten kneten, bis er glatt und elastisch ist. Wieder in die Schüssel legen, locker mit eingeölter Frischhaltefolie abdecken und an einem warmen Ort ca. 1 Stunde zu doppelter Größe aufgehen lassen.

3 Auf einer bemehlten Arbeitsfläche nochmals gründlich durchkneten, in 2 gleich große Portionen teilen und zu Ovalen ausrollen, die etwas größer als eine Hand sein sollten.

4 Teig auf 2 gefettete Backbleche legen und mit einem bemehlten Kochlöffelstiel Vertiefungen in die Fladenbrote drücken. Die Tomaten abwechselnd mit Oliven und Rosmarin in die Vertiefungen drücken. Brote mit Salz bestreuen und offen ca. 20 Minuten gehen lassen.

5 Brote mit etwas Öl beträufeln und im vorgeheizten Backofen bei 200°C (Gas Stufe 6) 15 Minuten backen. Während des Backens die Bleche tauschen, damit die Brote gleichmäßig bräunen. Mit dem restlichen Olivenöl beträufeln und in Stücke zerteilt warm oder kalt servieren.

Im Brotbackautomaten

1 Backform aus dem Automaten nehmen und die Knethaken aufstecken. Kaltes Wasser und Öl einfüllen. Anschließend Mehl, Salz und Zucker hinzufügen. Eine Vertiefung in das Mehl drücken und die Hefe hineinfüllen (siehe Seite 14).

2 Backform in den Automaten stellen, Deckel schließen und Programm »Teig« wählen. Starttaste drücken.

3 Nach Ablauf des Programms die Backform herausnehmen und den Teig auf einer bemehlten Arbeitsfläche, wie links unter Schritt 3 beschrieben, weiterverarbeiten.

Ergibt 2 Fladenbrote

Naanbrot

Traditionell wird Naanbrot auf einem Tandoori-Ofen gebacken. Man kann es zu Hause aber auch alternativ in einer schweren Bratpfanne backen.

500 g Weizenmehl Type 550
2 TL Zucker
1 ½ TL Salz
2 TL Kreuzkümmel
2 TL schwarze Senfkörner
3 EL frisches Koriandergrün, gehackt
1 ¼ TL Trockenhefe
2 EL Butter, geschmolzen
150 ml Milch
3 EL Wasser
1 EL Sonnenblumenöl

Von Hand

1 Mehl in einer großen Schüssel mit Salz, Zucker, Senfkörnern, Koriandergrün und Hefe vermengen. Butter, Joghurt und warme Milch hinzufügen und mit warmem Wasser zu einem weichen Teig verarbeiten.

2 Teig auf einer bemehlten Arbeitsfläche 5 Minuten kneten, bis er glatt und elastisch ist. Wieder in die Schüssel legen, locker mit eingeölter Frischhaltefolie abdecken und an einem warmen Ort ca. 1 ¼ Stunden zu doppelter Größe aufgehen lassen.

3 Auf einer bemehlten Arbeitsfläche nochmals gründlich durchkneten und in 6 gleich große Portionen teilen. Zu Ovalen ausrollen, die etwas größer als eine Hand sein sollten.

4 Brote auf geölte Frischhaltefolie legen und mit eingeölter Frischhaltefolie abgedeckt an einem warmen Ort ca. 20 Minuten gehen lassen, bis die Ränder luftig aufgegangen sind.

5 In der Zwischenzeit die Bratpfanne mit Öl ausstreichen und erhitzen. So viele Naanbrote wie möglich hineingeben und 5 Minuten goldbraun backen (siehe Seite 22), dabei einmal wenden. Mit den restlichen Broten ebenso verfahren.

Im Brotbackautomaten

1 Backform aus dem Automaten nehmen und Knethaken aufstecken. Milch, Joghurt, kaltes Wasser und geschmolzene Butter einfüllen. Anschließend Mehl, Salz, Zucker, Senfkörner und Koriandergrün hinzufügen. Eine Vertiefung in das Mehl drücken und die Hefe hineinfüllen (siehe Seite 14).

2 Backform in den Automaten stellen, Deckel schließen und Programm »Teig« wählen. Starttaste drücken.

3 Nach Ablauf des Programms die Backform herausnehmen und den Teig auf einer bemehlten Arbeitsfläche, wie links unter Schritt 3 beschrieben, weiterverarbeiten.

Ergibt 6 Fladenbrote

Tipp Da der Brotteig frische Milch und Joghurt enthält, sollte man keine Zeitverzögerung programmieren.

Mosaikbrot

400 g Weizenmehl Type 550
1 TL Salz
2 TL Zucker
1 ¼ TL Trockenhefe
250 ml Wasser

ZUM BACKEN:

12 Kieselsteine (7–10 cm Durchmesser) oder mehr zum Bedecken des Backofenbodens

Von Hand

1 Mehl in einer großen Schüssel mit Salz, Zucker und Hefe vermengen. Mit warmem Wasser zu einem weichen Teig verarbeiten.

2 Auf einer bemehlten Arbeitsfläche 5 Minuten kneten, bis der Teig glatt und elastisch ist. Wieder in die Schüssel legen, locker mit eingeölter Frischhaltefolie abdecken und an einem warmen Ort ca. 1 Stunde zu doppelter Größe aufgehen lassen.

3 In der Zwischenzeit die Kiesel in heißem Seifenwasser waschen. Gründlich mit heißem Wasser abspülen und abtropfen lassen.

4 Backofen auf 200°C vorheizen, Kiesel auf dem Boden des Ofens verteilen und 40 Minuten erhitzen.

5 Teig auf einer bemehlten Arbeitsfläche nochmals gründlich durchkneten. In 4 gleich große Portionen teilen, zu Kreisen (ca. 20 cm Durchmesser) ausrollen und auf 2 große gefettete Backbleche verteilen. Locker mit eingeölter Frischhaltefolie abdecken und an einem warmen Ort weitere 30 Minuten luftig aufgehen lassen.

6 Backofentür öffnen und die Teigfladen rasch auf den Kieselsteinen verteilen. Temperatur auf 110°C (Gas Stufe ¼) reduzieren und 10–15 Minuten backen, bis die Brote trocken und goldbraun sind.

7 Brote von den Kieseln nehmen und in ein sauberes Geschirrtuch einschlagen, damit sie weich bleiben. Warm oder kalt, mit Salat gefüllt oder in Stücke zerteilt zu einer Suppe servieren.

Im Brotbackautomaten

1 Backform aus dem Automaten nehmen und die Knethaken aufstecken. Kaltes Wasser einfüllen und anschließend Mehl, Salz und Zucker hinzufügen. Eine Vertiefung in das Mehl drücken und die Hefe hineinfüllen (siehe Seite 14).

2 Backform in den Automaten stellen, Deckel schließen und Programm »Teig« wählen. Starttaste drücken.

3 Wie links unter Schritt 3 beschrieben, fortfahren.

Ergibt 4 Brote

Tipp Passende Kieselsteine bekommt man in großen Gartencentern. Sie sollten vor Gebrauch gründlich gereinigt werden. Alternativ kann man die Brote auch auf vorgeheizten Backblechen backen.

6 Kleine Brote

Brezeln

Brezeln schmecken wunderbar zu einem kühlen Bier und Weißwurst oder einfach nur so zwischendurch.

325 g Weizenmehl Type 550
75 g Roggenmehl Type 1050
2 TL heller brauner Zucker
1 TL Salz
1 TL Trockenhefe
275 ml Wasser

AUSSERDEM:
3 TL feines Salz
1 TL Zucker (nach Bedarf)
3 EL Wasser
grobes Meersalz

Von Hand

1 Mehl in einer großen Schüssel mit Salz, Zucker und Hefe vermengen und mit warmem Wasser zu einem weichen Teig verarbeiten.

2 Den Teig auf einer bemehlten Arbeitsfläche 5 Minuten kneten, bis er glatt und elastisch ist. Wieder in die Schüssel legen, locker mit eingeölter Frischhaltefolie abdecken und an einem warmen Ort ca. 1 Stunde zu doppelter Größe aufgehen lassen.

3 Auf einer bemehlten Arbeitsfläche nochmals gründlich durchkneten, in 16 Portionen teilen und zu 30 cm langen Rollen formen. Jede Teigrolle bogenförmig auf die Arbeitsfläche legen, mit jeder Hand ein Ende fassen, den Strang in der Mitte ineinander verdrehen und die Teigenden auf dem bogenförmigen Teil festdrücken, sodass der typische Brezelknoten entsteht (siehe Seite 19).

4 Brezeln auf ein gefettetes Backblech legen, mit eingeölter Frischhaltefolie abdecken und weitere 30 Minuten an einem warmen Ort gehen lassen, bis sie um etwa die Hälfte aufgegangen sind.

5 Frischhaltefolie entfernen und Brezeln im vorgeheizten Backofen bei 200°C (Gas Stufe 6) 10 Minuten backen, bis sie goldbraun sind und hohl klingen, wenn man mit den Fingerspitzen darauf klopft. Für die Glasur Wasser, Salz und Zucker in einem kleinen Topf erhitzen und rühren, bis sich Zucker und Salz vollständig aufgelöst haben. Die Brezeln damit bestreichen und mit grobem Salz bestreuen.

6 Brezeln auf einem Kuchengitter auskühlen lassen.

Im Brotbackautomaten

1 Backform aus dem Automaten nehmen und die Knethaken aufstecken. Wasser und Zucker einfüllen und anschließend Mehl und Salz hinzufügen. Eine Vertiefung in das Mehl drücken und die Hefe hineinfüllen (siehe Seite 14).

2 Backform in den Automaten stellen, Deckel schließen und Programm »Teig« wählen. Starttaste drücken.

3 Nach Ablauf des Programms die Backform herausnehmen und den Teig auf einer bemehlten Arbeitsfläche, wie links unter Schritt 3 beschrieben, weiterverarbeiten.

Ergibt 16 Brezeln

Tipp Blanchiert man Brezeln in kochendem Wasser, bekommen sie eine leicht gummiartige Konsistenz.

Partybrot

475 g Weizenmehl Type 550
2 EL Butter
1 TL Salz
1 TL Zucker
1 ¼ TL Trockenhefe
275 ml Wasser
1 Eigelb zum Bestreichen
1 EL Sesam
2 EL Mohn

Von Hand

1 Mehl in eine große Schüssel geben, Butter hinzufügen und alles mit den Fingern vermengen, bis Streusel entstehen. Zucker, Salz und Hefe unter das Mehl rühren und mit warmem Wasser zu einem weichen Teig verarbeiten.

2 Den Teig auf einer bemehlten Arbeitsfläche 5 Minuten kneten, bis er glatt und elastisch ist. Wieder in die Schüssel legen, locker mit eingeölter Frischhaltefolie abdecken und an einem warmen Ort ca. 1 Stunde zu doppelter Größe aufgehen lassen.

3 Auf einer bemehlten Arbeitsfläche nochmals 5 Minuten gründlich durchkneten und in 16 Portionen teilen. Zu Kugeln formen und ringförmig in einer gebutterten hohen Springform (ca. 25 cm Durchmesser) anordnen. Dabei 10 Teigkugeln für den äußeren Ring verwenden, 5 für den inneren und eine in der Mitte.

4 Mit eingeölter Frischhaltefolie abgedeckt an einem warmen Ort weitere 30 Minuten gehen lassen.

5 Frischhaltefolie entfernen, Eigelb mit 1 EL Wasser verquirlen und den Teig damit bestreichen. Den äußeren Ring mit Sesam, den inneren mit Mohn bestreuen. Anschließend im vorgeheizten Backofen bei 200°C (Gas Stufe 6) 20–25 Minuten backen, bis das Brot goldbraun ist und hohl klingt, wenn man mit den Fingerspitzen darauf klopft. Eventuell nach 15 Minuten Backzeit mit Alufolie abdecken, damit die Kruste nicht zu stark bräunt.

6 Backform herausnehmen (Ofenhandschuhe nicht vergessen!) und das Brot mit einem Palettenmesser aus der Form lösen. Auf einem Kuchengitter vollständig abkühlen lassen.

Im Brotbackautomaten

1 Backform aus dem Automaten nehmen und die Knethaken aufstecken. Kaltes Wasser und Butter hineingeben. Anschließend Mehl, Zucker und Salz hinzufügen. Eine Vertiefung in das Mehl drücken und die Hefe hineinfüllen (siehe Seite 14).

2 Backform in den Automaten stellen, Deckel schließen und Programm »Teig« wählen. Starttaste drücken.

3 Nach Ablauf des Programms die Backform herausnehmen und den Teig auf einer bemehlten Arbeitsfläche, wie links unter Schritt 3 beschrieben, weiterverarbeiten.

Ergibt 16 Brötchen

Tipp Sollte das Brot noch zu weich sein, kann man es umgedreht auf einem Backblech nochmals 5 Minuten nachbacken.

Exotische Brötchen

475 g Weizenmehl Type 550
2 EL Butter
1 TL Zucker
1 TL Salz
1 ¼ TL Trockenhefe
275 ml Wasser

GLASUR:
1 Eigelb zum Bestreichen
Mohn, schwarze Senfkörner, Sesam, Fenchelsamen, Paprikapulver, frischer Rosmarin, Cajun-Gewürz oder grobes Meersalz

Von Hand

1 Mehl in eine große Schüssel geben, Butter hinzufügen und mit den Fingern vermengen, bis Streusel entstehen. Salz, Zucker und Hefe hinzufügen und mit warmem Wasser zu einem weichen Teig verarbeiten.

2 Den Teig auf einer bemehlten Arbeitsfläche 5 Minuten kneten, bis er glatt und elastisch ist. Wieder in die Schüssel legen und mit eingeölter Frischhaltefolie abgedeckt an einem warmen Ort ca. 1 Stunde zu doppelter Größe aufgehen lassen.

3 Auf einer bemehlten Arbeitsfläche nochmals gründlich durchkneten und in 12 Portionen teilen. Diese, wie unten beschrieben, zu verschiedenen Brötchen formen und auf ein gefettetes Backblech legen.

4 Locker mit eingeölter Frischhaltefolie abdecken und an einem warmen Ort weitere 20 Minuten gehen lassen.

5 Frischhaltefolie entfernen, Eigelb mit 1 EL Wasser verquirlen und die Brötchen bestreichen. Anschließend Sesam, Gewürze, Kräuter oder Salz auf den Brötchen verteilen. Im vorgeheizten Backofen bei 200°C (Gas Stufe 6) 10 Minuten backen. Auf einem Kuchengitter auskühlen lassen.

Im Brotbackautomaten

1 Backform aus dem Automaten nehmen und die Knethaken aufstecken. Kaltes Wasser und Butterstücke hineingeben. Anschließend Mehl, Salz und Zucker hinzufügen. Eine Vertiefung in das Mehl drücken und die Hefe hineinfüllen (siehe Seite 14).

2 Backform in den Automaten stellen, Deckel schließen und das Programm »Teig« wählen. Starttaste drücken.

3 Nach Ablauf des Programms die Backform herausnehmen und den Teig auf einer bemehlten Arbeitsfläche, wie links unter Schritt 3 beschrieben, weiterverarbeiten.

Ergibt 12 Stück

Schnecken: 2 Teigportionen zu je 25 cm langen Rollen formen und schneckenartig aufrollen.

Kleeblatt: 2 Teigportionen in je 3 kleine Kugeln teilen und diese in Form eines Dreiecks nebeneinander setzen, dabei leicht festdrücken.

Knoten: 2 Teigportionen zu je 22 cm langen Rollen formen und ineinander verknoten.

Blütenform: Zwei Teigportionen zu Kugeln formen und rundherum 5 oder 6 Mal mit einer Schere einschneiden (siehe rechtes Bild).

Gespickte Brötchen: Zwei Teigportionen zu ovalen Brötchen formen und mit einer Schere zweimal einschneiden. Rosmarin in den Einschnitten verteilen. (Nach dem Backen kann man noch frische Rosmarinnadeln hinzufügen.)

Donuts

425 g Weizenmehl Type 550
1 TL Salz
1 EL Zucker
2 EL Milchpulver
1 ¼ TL Trockenhefe
2 Eier, verquirlt
175 ml Wasser

AUSSERDEM:
Öl zum Frittieren
75 g Zucker
¾ TL Zimt

Von Hand

1 Mehl, Salz, Zucker, Milchpulver und Hefe in einer großen Schüssel vermengen. Verquirlte Eier hinzufügen und mit warmem Wasser zu einem weichen Teig verarbeiten.

2 Den Teig auf einer bemehlten Arbeitsfläche 5 Minuten kneten, bis er glatt und elastisch ist. Wieder in die Schüssel legen und mit eingeölter Frischhaltefolie abgedeckt an einem warmen Ort ca. 1 Stunde zu doppelter Größe aufgehen lassen.

3 Auf einer bemehlten Arbeitsfläche nochmals gründlich durchkneten und 1 cm dick ausrollen. Mit einer Ausstechform (ca. 7 cm Durchmesser) Kreise ausstechen und mit dem Finger ein Loch in die Mitte drücken. Donuts nebeneinander in großen Abständen auf ein gefettetes Backblech verteilen.

4 Reste nochmals durchkneten und wie oben beschrieben verarbeiten. Donuts mit eingeölter Frischhaltefolie abdecken und weitere 30 Minuten gehen lassen, bis der Teig um etwa die Hälfte aufgegangen ist.

5 Einen großen Topf zur Hälfte mit Öl füllen und auf 180°C erhitzen (Brotwürfeltest: fängt er im Öl an zu brutzeln, ist die Temperatur erreicht). Nacheinander 3 Donuts vorsichtig ins heiße Öl geben und 1–2 Minuten goldbraun ausbacken (siehe Seite 22).

6 Mit einem Schaumlöffel vorsichtig aus dem Öl heben und auf Küchenpapier abtropfen lassen. Auf eine Servierplatte legen und mit Zimtzucker bestreuen.

Im Brotbackautomaten

1 Backform aus dem Automaten nehmen und die Knethaken aufstecken. Eier und kaltes Wasser hineingeben. Anschließend Mehl, Salz, Zucker und das Milchpulver hinzufügen. Eine Vertiefung in das Mehl drücken und die Hefe hineinfüllen (siehe Seite 14).

2 Backform in den Automaten stellen, Deckel schließen und das Programm »Teig« wählen. Starttaste drücken.

3 Nach Ablauf des Programms die Backform herausnehmen und den Teig auf einer bemehlten Arbeitsfläche, wie links unter Schritt 3 beschrieben, weiterverarbeiten.

Ergibt 12 Donuts

Tipp Donuts enthalten frische Eier, daher sollte keine Zeitverzögerung programmiert werden.

Crumpets

300 ml Milch
300 ml Wasser
425 g Weizenmehl Type 550
1 ½ TL Salz
2 TL Trockenhefe

Von Hand

1 Milch und Wasser in einem kleinen Topf erwärmen. Mehl in einer großen Schüssel mit Salz und Hefe vermengen. Mit der Milchmischung zu einem weichen Teig verarbeiten.

2 Schüssel mit einem sauberen Geschirrtuch abdecken und an einem warmen Ort ca. 1 Stunde gehen lassen, bis der Teig gut aufgegangen ist und Blasen wirft.

3 Ausstechformen (ca. 8 cm Durchmesser) innen mit etwas Öl bestreichen. Etwas Öl auf ein Küchenpapier träufeln und damit eine Grillpfanne oder antihaftbeschichtete Bratpfanne ausreiben. Anschließend Pfanne erhitzen.

4 Ausstechformen in der Pfanne verteilen und den Teig mit einem Schöpflöffel ungefähr 1 cm hoch in die Ausstechformen einfüllen. Auf niedriger Stufe backen (siehe Seite 22), bis der Teig Blasen wirft und die Kruste trocken wird. Die Ausstechformen ablösen, Crumpets wenden und goldbraun backen.

5 Die Crumpets zum Warmhalten in ein sauberes Geschirrtuch wickeln, bis alle fertig sind.

6 Crumpets unter dem Backofengrill von einer Seite erwärmen. Mit Butter, Marmelade oder Honig bestreichen.

Im Brotbackautomaten

1 Backform aus dem Automaten nehmen und die Knethaken aufstecken. Milch und kaltes Wasser hineingeben. Anschließend Mehl und Salz hinzufügen. Eine Vertiefung in das Mehl drücken und die Hefe hineinfüllen (siehe Seite 14).

2 Backform in den Autcmaten stellen, Deckel schließen und das Programm »Teig« wählen. Starttaste drücken.

3 Nach 1 Stunde das Programm stoppen. Der Teig ist nun dickflüssig (kaum mehr als Pfannkuchenteig). Wie links unter Schritt 3 beschrieben weiterverarbeiten.

Ergibt 18 Stück

Tipp Wenn man keine gleich großen Formen hat, kann man auch mit vier Blechdosen improvisieren: Deckel und Boden sowie das Etikett entfernen und gründlich mit heißem Seifenwasser spülen.
Schöpft man den Teig direkt aus der Backform, sollte man einen Pfannenwender aus Holz verwenden, damit die Antihaftbeschichtung nicht zerkratzt wird.

Mini-Topfbrote

Topfbrote werden traditionell in Blumentöpfen gebacken. Es ist jedoch nicht einfach, die fertigen Brote aus einer solchen Form zu lösen. Unsere Mini-Topfbrote werden mit Malz aromatisiert und in kleinen Dariolformen gebacken, die zwar wie Blumentöpfe aussehen, aber einfacher (und hygienischer) in der Handhabung sind.

400 g Weizenvollkornmehl
2 EL Butter
1 TL Salz
1 TL Zucker
2 EL Milchpulver
50 g Gerstenflocken
1 ¼ TL Trockenhefe
2 EL Backmalz
275 g Wasser
2 EL Milch zum Bestreichen
Gerstenflocken zum Bestreuen

Von Hand

1 Mehl in eine große Schüssel geben, Butter hinzufügen und mit den Fingern vermengen, bis Streusel entstehen. Salz, Zucker, Milchpulver, Gerstenflocken, Hefe und Backmalz hinzufügen und mit warmem Wasser zu einem weichen Teig verarbeiten.

2 Auf einer bemehlten Arbeitsfläche 5 Minuten kneten, bis der Teig glatt und elastisch ist. Wieder in die Schüssel legen und locker mit eingeölter Frischhaltefolie abgedeckt an einem warmen Ort ca. 1 Stunde zu doppelter Größe aufgehen lassen.

3 Den Teig auf einer bemehlten Arbeitsfläche nochmals gründlich durchkneten, in 10 Portionen teilen und zu Kugeln formen. Die Kugeln in gefettete Dariolformen (150 ml) hineindrücken.

4 Formen auf ein Backblech stellen. Locker mit eingeölter Frischhaltefolie abdecken und an einem warmen Ort weitere 30 Minuten gehen lassen, der Teig sollte bis zum Rand aufgegangen sein.

5 Frischhaltefolie entfernen, Brote mit Milch bestreichen und mit Gerstenflocken bestreuen. Im vorgeheizten Backofen bei 200°C (Gas Stufe 6) 12–15 Minuten backen, bis das Brot goldbraun ist und hohl klingt, wenn man mit den Fingerspitzen darauf klopft.

6 Aus dem Ofen nehmen (Ofenhandschuhe nicht vergessen!) und Brote mit einem kleinen Palettenmesser aus der Form lösen. Auf einem Kuchengitter abkühlen lassen.

Im Brotbackautomaten

1 Backform aus dem Automaten nehmen und die Knethaken aufstecken. Kaltes Wasser, Milchpulver, Butter und Backmalz hineingeben. Anschließend Mehl und Gerstenflocken darüberstreuen und Salz und Zucker hinzufügen. Eine Vertiefung in das Mehl drücken und die Hefe hineinfüllen (siehe Seite 14).

2 Backform in den Automaten stellen, Deckel schließen und Programm »Teig« wählen. Starttaste drücken.

3 Nach Ablauf des Programms die Backform herausnehmen und den Teig auf einer bemehlten Arbeitsfläche, wie links unter Schritt 3 beschrieben, weiterverarbeiten.

Ergibt 10 Stück

Tipp Backmalz gibt es im Fachhandel oder kann direkt bei der Adler-Mühle in Bahlingen bestellt werden.

Bagels

500 g Weizenmehl Type 550
2 EL Zucker
1 TL Salz
1 ¼ TL Trockenhefe
300 ml Wasser
1 Eigelb zum Bestreichen
3 EL Mohn oder Sesam

Von Hand

1 Mehl mit 1 EL Zucker, Salz und Hefe in einer großen Schüssel vermengen und mit warmem Wasser zu einem weichen Teig verarbeiten.

2 Auf einer bemehlten Arbeitsfläche 5 Minuten kneten, bis der Teig glatt und elastisch ist. Wieder in die Schüssel legen und locker mit eingeölter Frischhaltefolie abgedeckt an einem warmen Ort ca. 1 Stunde zu doppelter Größe aufgehen lassen.

3 Den Teig auf einer bemehlten Arbeitsfläche nochmals gründlich durchkneten. In 10 Portionen teilen und zu Kugeln formen. Mit einem bemehlten Finger ca. 3,5 cm große Löcher in den Teig drücken (siehe Seite 21). Loch mit einem zweiten Finger vergrößern und den Teig dabei um die Finger rotieren lassen.

4 Bagels auf 2 gefettete und mit Backpapier belegte Backbleche legen. Locker mit eingeölter Frischhaltefolie abdecken und an einem warmen Ort weitere 30 Minuten gehen lassen, bis der Teig um etwa die Hälfte aufgegangen ist.

5 Vorsichtig in das kochende Wasser gleiten lassen und 1–2 Minuten von jeder Seite kochen, bis sie an die Oberfläche steigen (siehe Seite 22). Mit einem Schaumlöffel aus dem Wasser nehmen und abtropfen lassen.

6 Bagels auf 2 gefettete Backbleche legen. Eigelb mit 1 EL Wasser verquirlen, die Bagels damit bestreichen und mit Sesam oder Mohn bestreuen.

7 Im vorgeheizten Backofen bei 200°C (Gas Stufe 6) 12–15 Minuten backen, bis sie goldbraun sind und hohl klingen, wenn man mit den Fingerspitzen darauf klopft. Auf einem Kuchengitter abkühlen lassen.

Im Brotbackautomaten

1 Backform aus dem Automaten nehmen und die Knethaken aufstecken. Kaltes Wasser einfüllen. Anschließend Mehl, 1 EL Zucker und Salz hinzufügen. Eine Vertiefung in das Mehl drücken und die Hefe hineinfüllen (siehe Seite 14).

2 Backform in den Automaten stellen, Deckel schließen und Programm »Teig« wählen. Starttaste drücken.

3 Nach Ablauf des Programms die Backform herausnehmen und den Teig auf einer bemehlten Arbeitsfläche, wie links unter Schritt 3 beschrieben, weiterverarbeiten.

Ergibt 10 Stück

Tipp Man kann auch Zimt, Heidelbeeren mit etwas Zucker oder – als pikante Variante – fein geschnittene und gebratene Zwiebeln unter den Teig ziehen.

Brioche

Die herrlich buttrigen und leicht süßen französischen Brötchen erhalten ihr charakteristisches Aussehen durch spezielle Förmchen mit Wellenrand.

250 g Weizenmehl Type 550
½ TL Salz
2 EL Zucker
1 TL Trockenhefe
75 g weiche Butter
3 Eier, verquirlt
1 Eigelb zum Bestreichen

Von Hand

1 Mehl mit Zucker, Salz und Hefe in einer großen Schüssel vermengen. 2 EL Butter schmelzen, zusammen mit den verquirlten Eiern hinzufügen und alles mit warmem Wasser zu einem weichen Teig verarbeiten.

2 Auf einer bemehlten Arbeitsfläche 5 Minuten kneten, bis der Teig glatt und elastisch ist. Wieder in die Schüssel legen und locker mit eingeölter Frischhaltefolie abgedeckt an einem warmen Ort ca. 1 ¼ – 1 ½ Stunden zu doppelter Größe aufgehen lassen.

3 Den Teig auf einer bemehlten Arbeitsfläche nochmals gründlich durchkneten. Zehn Briocheförmchen (ca. 8 cm Durchmesser) mit Butter einfetten. Die restliche Butter in kleine Stücke schneiden und nach und nach in den Teig einarbeiten. Der Teig ist zwar sehr fettig, es sollte aber trotzdem kein weiteres Mehl verwendet werden. Durch sorgfältiges Kneten wird der Teig schließlich glatt.

4 10 fingernagelgroße Stückchen Teig beiseite stellen. Den restlichen Teig in 10 Portionen teilen, zu einer Kugel formen und in die Briocheförmchen legen.

5 Kleine Teigportionen ebenfalls zu Kugeln formen, auf die großen Kugeln setzen und mit dem Stiel eines Teelöffels durch beide Kugeln hindurchstechen. Förmchen auf ein Backblech stellen und locker mit eingeölter Frischhaltefolie abgedeckt an einem warmen Ort 30 Minuten gehen lassen. Der Teig sollte bis zum Rand aufgegangen sein.

6 Frischhaltefolie entfernen, Eigelb mit 1 EL Wasser verquirlen und die Brioche damit bestreichen. Im vorgeheizten Backofen bei 200°C (Gas Stufe 6) 10 Minuten goldbraun backen. Vorsichtig aus der Form lösen und auf einem Kuchengitter abkühlen lassen.

Im Brotbackautomaten

1 Backform aus dem Automaten nehmen und die Knethaken aufstecken. Butter und das mit Ei verquirlte Wasser hineingeben. Mehl, Zucker und Salz hinzufügen. Eine Vertiefung in das Mehl drücken und die Hefe hineinfüllen (siehe Seite 14).

2 Backform in den Automaten stellen, Deckel schließen und Programm »Teig« wählen. Starttaste drücken.

3 Nach Ablauf des Programms die Backform herausnehmen und den Teig auf einer bemehlten Arbeitsfläche, wie links unter Schritt 3 beschrieben, weiterverarbeiten.

Ergibt 10 Stück

Tipp Da diese Brötchen frische Eier und Butter enthalten, sollte keine Zeitverzögerung programmiert werden.

Mohnbrötchen mit Orangenaroma

500 g Weizenmehl Type 550
2 EL Butter
2 EL Milchpulver
1 TL Salz
40 g Mohn
Saft und abgeriebene Schale 1er Orange
1 ¼ TL Trockenhefe
4 EL Honig
275 ml Wasser
1 Eigelb
200 g Puderzucker

Von Hand

1 Mehl in eine große Schüssel geben, Butter hinzufügen und mit den Fingern vermengen, bis Streusel entstehen. Milchpulver, Salz, Mohn, abgeriebene Orangenschale, Hefe und Honig hinzufügen. Mit warmem Wasser zu einem weichen Teig verarbeiten.

2 Auf einer bemehlten Arbeitsfläche 5 Minuten kneten, bis der Teig glatt und elastisch ist. Wieder in die Schüssel legen und locker mit eingeölter Frischhaltefolie abgedeckt an einem warmen Ort ca. 1 Stunde zu doppelter Größe aufgehen lassen.

3 Den Teig auf einer bemehlten Arbeitsfläche nochmals gründlich durchkneten. In 20 Portionen teilen und Kugeln formen. Teigkugeln mit ausreichend Abstand auf ein gefettetes Backblech legen.

4 Locker mit eingeölter Frischhaltefolie abdecken und an einem warmen Ort weitere 30 Minuten gehen lassen.

5 Frischhaltefolie entfernen, Eigelb mit 1 EL Wasser verquirlen und die Brötchen damit bestreichen. Im vorgeheizten Backofen bei 200°C (Gas Stufe 6) 12–15 Minuten backen, bis sie goldbraun sind und hohl klingen, wenn man mit den Fingerspitzen darauf klopft. Auf einem Kuchengitter 15 Minuten abkühlen lassen.

6 Puderzucker in eine Schüssel sieben und mit Orangensaft zu einer glatten Paste verarbeiten. Glasur mit Hilfe eines Teelöffels zickzackförmig über die Brötchen fließen lassen. Nach ca. 15 Minuten wird die Glasur fest.

Im Brotbackautomaten

1 Backform aus dem Automaten nehmen und die Knethaken aufstecken. Kaltes Wasser, Milchpulver, Butter, Honig, Mohn und abgeriebene Orangenschale hineingeben. Anschließend Mehl und Salz hinzufügen. Eine Vertiefung in das Mehl drücken und die Hefe hineinfüllen (siehe Seite 14).

2 Backform in den Automaten stellen, Deckel schließen und Programm »Teig« wählen. Starttaste drücken.

3 Nach Ablauf des Programms die Backform herausnehmen und den Teig auf einer bemehlten Arbeitsfläche, wie links unter Schritt 3 beschrieben, weiterverarbeiten.

Ergibt 20 Stück

Tipp Statt Mohn kann man auch Belegkirschen verwenden. Diese entweder beim ersten Kneten einarbeiten oder im Automaten beim Ertönen des ersten Signaltons zum Teig geben.

Croissants

400 g Weizenmehl Type 550
½ TL Salz
1 EL Zucker
2 TL Trockenhefe
150 g weiche Butter
1 Ei, verquirlt
175 ml Wasser
1 Eigelb zum Bestreichen

Von Hand

1 Mehl mit Salz, Zucker und Hefe in einer großen Schüssel vermengen. Etwas Butter (25 g) hinzufügen und mit den Fingern vermengen, bis Streusel entstehen. Verquirlte Eier hinzufügen und mit warmem Wasser zu einem weichen Teig verarbeiten.

2 Auf einer bemehlten Arbeitsfläche 5 Minuten kneten, bis der Teig glatt und elastisch ist. Wieder in die Schüssel legen und locker mit eingeölter Frischhaltefolie abgedeckt an einem warmen Ort zu doppelter Größe aufgehen lassen.

3 In der Zwischenzeit die restliche Butter zwischen zwei Lagen Backpapier zu einem Rechteck ausrollen (ca. 30 x 7 cm) und 10 Minuten einfrieren.

4 Den Teig auf einer bemehlten Arbeitsfläche nochmals gründlich durchkneten und zu einem Rechteck ausrollen, das ringsum ca. 2,5 cm größer als die Butter ist.

5 Butter auf den Teig legen und Papier abziehen. Das untere Teigdrittel zu einem Drittel einschlagen, dann das obere Teigdrittel einschlagen und über das untere Drittel legen (siehe Seite 18). Teig um 90 Grad drehen, nochmals ausrollen und zusammenlegen.

6 Teig in Backpapier einschlagen und 10 Minuten kühl stellen. Noch weitere zwei Mal ausrollen und zusammenlegen, dazwischen immer wieder drehen. Anschließend 20 Minuten kühl stellen, zwei weitere Male ausrollen und zusammenlegen und wiederum 20 Minuten kühl stellen.

7 Teig zu einem Rechteck ausrollen (ca. 25 x 37 cm) und in sechs Quadrate schneiden. Quadrate in zwei Dreiecke teilen. Dreiecke aufrollen (siehe Seite 19) und auf ein gefettetes Backblech legen. Mit eingeölter Frischhaltefolie abdecken und an einem warmen Ort ca. 45 Minuten gehen lassen.

8 Frischhaltefolie entfernen, Eigelb mit 1 EL Wasser vermischen, Croissants damit bestreichen und im vorgeheizten Backofen bei 180°C (Gas Stufe 4) ca. 10 Minuten goldbraun backen.

Im Brotbackautomaten

1 Backform aus dem Automaten nehmen und die Knethaken aufstecken. Kaltes Wasser, 25 g gewürfelte Butter und verquirltes Ei hineingeben. Anschließend Mehl, Salz und Zucker hinzufügen. Eine Vertiefung in das Mehl drücken und die Hefe hineinfüllen (siehe Seite 14).

2 Backform in den Automaten stellen, Deckel schließen und Programm »Teig« wählen. Starttaste drücken.

3 Nach Ablauf des Programms die Backform herausnehmen und den Teig auf einer bemehlten Arbeitsfläche, wie links unter Schritt 3 beschrieben, weiterverarbeiten.

Ergibt 12 Stück

Tipp Wird der Teig während des Ausrollens zu klebrig, kann man ihn in Backpapier einschlagen und 10–20 Minuten in den Kühlschrank stellen. Anschließend wie beschrieben fortfahren. Je öfter man den Teig ausrollt und zusammenfaltet, desto blättriger werden die fertigen Croissants.

Dänische Plunderstücke

500 g Weizenmehl Type 550
2 EL Zucker
2 TL Trockenhefe
1 Ei, verquirlt
275 ml Milch
200 g weiche Süßrahmbutter

FÜLLUNG:
75 g weiche Süßrahmbutter
75 g Zucker
75 g gemahlene Mandeln
einige Tropfen Bittermandelaroma
8 frische Aprikosen, halbiert oder 425 g Aprikosenhälften aus der Dose, abgetropft

GLASUR:
Aprikosenmarmelade zum Bestreichen

Von Hand

1 Mehl mit Zucker und Hefe in einer großen Schüssel vermengen. Verquirltes Ei hinzufügen und mit warmem Wasser zu einem weichen Teig verarbeiten.

2 Auf einer bemehlten Arbeitsfläche 5 Minuten kneten, bis der Teig glatt und elastisch ist. Wieder in die Schüssel legen und locker mit eingeölter Frischhaltefolie abgedeckt ca. 1 Stunde an einem warmen Ort zu doppelter Größe aufgehen lassen.

3 Butter zwischen 2 Lagen Backpapier zu einem Rechteck (ca. 37 x 18 cm) ausrollen und kurz einfrieren.

4 Den Teig auf einer bemehlten Arbeitsfläche gründlich durchkneten. Butter aus dem Gefrierschrank nehmen und den Teig zu einem Rechteck ausrollen, das ringsum ca. 2,5 cm größer ist als die Butter.

5 Butter auf den Teig legen und das Papier abziehen. Das untere Teigdrittel zu einem Drittel einschlagen, dann das obere Teigdrittel einschlagen und über das untere Drittel legen (siehe Seite 18). Teig um 90 Grad drehen und nochmals ausrollen und zusammenlegen.

6 Teig in Backpapier einschlagen und 10 Minuten kühl stellen. Den Teig noch zwei Mal ausrollen und zusammenlegen, dazwischen immer wieder drehen.

7 20 Minuten kühl stellen. Für die Füllung Butter und Zucker schaumig schlagen, Bittermandelaroma hinzufügen und nach und nach die gemahlenen Mandeln unterrühren.

8 Teig dünn ausrollen und ein Quadrat zuschneiden (ca. 40 x 40 cm). Daraus kleinere Quadrate schneiden (ca. 10 x 10 cm). Mandelfüllung in die Mitte geben und die Ränder mit verquirltem Ei bestreichen. Ecken über der Füllung zusammendrücken und mit Aprikose belegen. Plunderstückchen auf zwei gefettete Backbleche legen und mit verquirltem Ei bestreichen.

9 Locker mit eingeölter Frischhaltefolie abdecken und an einem warmen Ort weitere 30 Minuten gehen lassen, bis der Teig um etwa die Hälfte aufgegangen ist.

10 Im vorgeheizten Backofen bei 200°C (Gas Stufe 6) 8 Minuten backen, anschließend die Temperatur auf 180°C herunterschalten und weitere 5–7 Minuten backen, bis die Plunderstückchen goldbraun sind. Aprikosenhälften mit erwärmter Aprikosenmarmelade bestreichen. Plunderstückchen auf ein Kuchengitter legen und auskühlen lassen.

Im Brotbackautomaten

1 Backform aus dem Automaten nehmen und die Knethaken aufstecken. Milch und verquirltes Ei hineingeben. Anschließend Mehl und Zucker hinzufügen. Eine Vertiefung in das Mehl drücken und die Hefe hineinfüllen (siehe Seite 14).

2 Backform in den Automaten stellen, Deckel schließen und Programm »Teig« wählen. Starttaste drücken.

3 Nach Ablauf des Programms die Backform herausnehmen und den Teig auf einer bemehlten Arbeitsfläche, wie links unter Schritt 3 beschrieben, weiterverarbeiten.

Ergibt 16 Stück

Tipp Wird der Teig während des Ausrollens zu klebrig, kann man ihn in Backpapier einschlagen und 10–20 Minuten in den Kühlschrank stellen. Anschließend wie beschrieben fortfahren.

Minibrote mit Schokofüllung

250 g Weizenmehl Type 550
2 EL Butter
½ TL Salz
2 EL Zucker
¾ TL Trockenhefe
2 Eier, verquirlt
3 EL Milch
50 g Zartbitterschokolade

DEKORATION:
Kakaopulver
Puderzucker

Von Hand

1 Mehl mit Salz, Zucker und Hefe in eine große Schüssel geben. Butter hinzufügen und mit den Fingerspitzen vermengen, bis Streusel entstehen. Verquirlte Eier dazugeben und mit warmem Wasser zu einem weichen Teig verarbeiten.

2 Auf einer bemehlten Arbeitsfläche 5 Minuten kneten, bis der Teig glatt und elastisch ist. Wieder in die Schüssel legen und locker mit eingeölter Frischhaltefolie abgedeckt ca. 1 Stunde an einem warmen Ort zu doppelter Größe aufgehen lassen.

3 Den Teig auf einer bemehlten Arbeitsfläche nochmals gründlich durchkneten und in 6 Portionen teilen. Teigportionen nacheinander zu Rechtecken ausrollen (ca. 7 x 10 cm), jeweils ein Schokoladenstück darin einwickeln und in eine gefettete Minibrotform (ca. 10 x 5,5 x 3,5 cm) legen.

4 Brotformen auf ein Backblech stellen, locker mit eingeölter Frischhaltefolie abdecken und an einem warmen Ort ca. 40 Minuten gehen lassen, bis der Teig etwas über den Rand der Förmchen reicht.

5 Frischhaltefolie entfernen und Minibrote im vorgeheizten Backofen bei 200°C (Gas Stufe 6) 12–15 Minuten backen, bis sie goldbraun sind und hohl klingen, wenn man darauf klopft.

6 Brotformen mit Ofenhandschuhen herausnehmen und die Brote mit einem kleinen Palettenmesser vorsichtig aus der Form lösen. Auf einem Kuchengitter abkühlen lassen und anschließend mit Kakaopulver und Puderzucker bestreuen.

Im Brotbackautomaten

1 Backform aus dem Automaten nehmen und die Knethaken aufstecken. Butter, verquirlte Eier und Milch hineingeben. Anschließend Mehl, Zucker und Salz hinzufügen. Eine Vertiefung in das Mehl drücken und die Hefe hineinfüllen (siehe Seite 14).

2 Backform in den Automaten stellen, Deckel schließen und Programm »Teig« wählen. Starttaste drücken.

3 Nach Ablauf des Programms Backform herausnehmen und den Teig auf einer bemehlten Arbeitsfläche, wie links unter Schritt 3 beschrieben, weiterverarbeiten.

Ergibt 6 Stück

Tipp Hat man keine Minibrotförmchen, kann man den Teig auch zu Brötchen formen.

Festtags-brote

Fougasse

Traditionell wird Fougasse in Südfrankreich, genauer gesagt in der Provence, zum festlichen Weihnachtsessen gereicht. Sie wird zusammen mit 12 anderen Gerichten gegessen, was an Christus und seine Jünger erinnern soll. Die Einschnitte stellen die Äste eines Baumes dar.

475 g Weizenmehl Type 550
1 ½ TL Salz
2 TL Zucker
3 EL frische gehackte Kräuter (Lavendel, Thymian und Rosmarin)
ersatzweise getrocknete Kräuter verwenden
1 ¼ TL Trockenhefe
4 EL Olivenöl
250 ml Wasser

AUSSERDEM:
Olivenöl zum Bestreichen
grobes Meersalz

Von Hand

1 Mehl in einer großen Schüssel mit Salz, Zucker, Kräutern und Hefe vermengen. Öl hinzufügen und mit warmem Wasser zu einem weichen Teig verarbeiten.

2 Auf einer bemehlten Arbeitsfläche 5 Minuten kneten, bis der Teig glatt und elastisch ist. Wieder in die Schüssel legen und locker mit eingeölter Frischhaltefolie abgedeckt ca. 1 Stunde an einem warmen Ort zu doppelter Größe aufgehen lassen.

3 Den Teig auf einer bemehlten Arbeitsfläche nochmals gründlich durchkneten und in zwei Portionen teilen. Zu Ovalen ausrollen (weitere 30 x 20 cm).

4 Teig auf 2 gefettete Backbleche legen und wie abgebildet einschneiden. Das Fladenbrot an einer Seite etwas anheben und die Einschnitte mit der Fingerspitze etwas erweitern (siehe Seite 21).

5 Locker mit Frischhaltefolie abdecken und an einem warmen Ort weitere 30 Minuten gehen lassen.

6 Frischhaltefolie entfernen und das Brot im vorgeheizten Backofen bei 220°C (Gas Stufe 7) 8–10 Minuten goldbraun backen. Mit etwas Olivenöl bestreichen und mit Meersalz bestreuen. Nach 10 Minuten auf ein Kuchengitter legen und abkühlen lassen.

Im Brotbackautomaten

1 Backform aus dem Automaten nehmen und die Knethaken aufstecken. Kaltes Wasser und Olivenöl hineingeben. Anschließend Mehl, Zucker, Kräuter und Salz hinzufügen. Eine Vertiefung in das Mehl drücken und die Hefe hineinfüllen (siehe Seite 14).

2 Backform in den Automaten stellen, Deckel schließen und Programm »Teig« wählen. Starttaste drücken.

3 Nach Ablauf des Programms die Backform herausnehmen und den Teig auf einer bemehlten Arbeitsfläche, wie links unter Schritt 3 beschrieben, weiterverarbeiten.

Ergibt 2 große Fladenbrote

Tipp Man kann auch schwarze Oliven, gebratene Zwiebelringe oder Fenchelsamen in den Teig einarbeiten.

Panetonne

Diese italienische Spezialität wird an Weihnachten gebacken und traditionell am Weihnachtsabend nach der Heimkehr von der Mitternachtsmette gegessen.

400 g Weizenmehl Type 550
75 g weiche Butter, gewürfelt
50 g Zucker
eine Messerspitze Muskat
abgeriebene Schale 1er Zitrone
abgeriebene Schale einer halben Orange
1 ½ TL Trockenhefe
2 Eier, verquirlt
150 ml Milch
125 g gemischtes Trockenobst
50 g Zitronat und Orangeat

DEKORATION:
Puderzucker zum Bestreuen

Von Hand

1 Mehl in eine große Schüssel geben. Butter hinzufügen und mit den Fingerspitzen vermengen, bis Streusel entstehen. Zucker, Muskat, abgeriebene Schalen, Hefe und verquirlte Eier dazugeben und mit warmem Wasser zu einem weichen Teig verarbeiten.

2 Auf einer bemehlten Arbeitsfläche 5 Minuten kneten, bis der Teig glatt und elastisch ist. Nach und nach Trockenobst und Zitronat einarbeiten und den Teig wieder in die Schüssel legen. Locker mit eingeölter Frischhaltefolie abgedeckt ca. 1 ½ Stunden an einem warmen Ort zu doppelter Größe aufgehen lassen.

3 In der Zwischenzeit eine Springform (ca. 18 cm Durchmesser) ca. 15 cm hoch mit Backpapier auskleiden. Den Boden mit einem Kreis aus Backpapier belegen.

4 Den Teig auf einer bemehlten Arbeitsfläche nochmals gründlich durchkneten und in die Springform geben. Locker mit eingeölter Frischhaltefolie abdecken und an einem warmen Ort ca. 45 Minuten gehen lassen. Der Teig sollte bis zum Rand der Backform aufgegangen sein.

5 Frischhaltefolie entfernen und Brot im vorgeheizten Backofen bei 180°C (Gas Stufe 4) 45 Minuten backen, bis das Brot goldbraun ist. Eventuell nach 20 Minuten mit Alufolie abdecken, damit die Oberfläche nicht zu stark bräunt.

6 Panettone vorsichtig mit einem Palettenmesser aus der Form lösen (zwischen der Springform und dem Backpapier entlangfahren). Auf ein Kuchengitter stürzen, rasch das Backpapier abziehen, umdrehen und auskühlen lassen. Mit Puderzucker bestreuen.

Im Brotbackautomaten

1 Backform aus dem Automaten nehmen und die Knethaken aufstecken. Milch, Eier, Butter, Zucker, Muskat und abgeriebene Schale hineingeben und anschließend Mehl darüberstreuen. Eine Vertiefung in das Mehl drücken und die Hefe hineinfüllen (siehe S. 14).

2 Backform in den Automaten stellen, Deckel schließen und Programm »Teig« wählen. Starttaste drücken.

3 Beim ersten Signalton das gemischte Trockenobst, Orangeat und Zitronat zum Teig geben, den Deckel schließen und Programm beenden lassen.

4 Nach Ablauf des Programms die Backform herausnehmen und wie links unter Schritt 3 beschrieben vorgehen.

Ergibt 1 großen Laib

Tipp Wenn man einen Stern aus Backpapier auf den Panettone legt und ihn mit Puderzucker bestreut, bekommt er ein weihnachtliches Aussehen.

Dreikönigskranz

Dieses gehaltvolle süße Brot wird in Spanien und Mexiko traditionell am Dreikönigstag gebacken.

500 g Weizenmehl Type 550
1 TL Salz
abgeriebene Schale 1er Orange
abgeriebene Schale 1er Zitrone
125 g Zucker
1 ½ TL Trockenhefe
75 g Butter, geschmolzen
2 Eier, verquirlt
175 ml Wasser
100 g Zitronat
125 g Belegkirschen, grob gehackt
125 g Mandelsplitter

GLASUR:
125 g Puderzucker
4–5 EL Orangen- oder Zitronensaft

Von Hand

1 Mehl in einer großen Schüssel mit Salz, abgeriebener Orangen- und Zitronenschale sowie Zucker und Hefe mischen. Geschmolzene Butter und verquirlte Eier hinzufügen und mit warmem Wasser zu einem weichen Teig verarbeiten.

2 Auf einer bemehlten Arbeitsfläche gründlich kneten, bis der Teig glatt und elastisch ist. Wieder in die Schüssel legen und mit Frischhaltefolie abgedeckt ca. 1 ¼ Stunden an einem warmen Ort zu doppelter Größe aufgehen lassen.

3 Teig auf einer bemehlten Arbeitsfläche nochmals gründlich kneten. Zitronat, Kirschen und Mandelsplitter mischen und ein Drittel der Mischung beiseite stellen. Den Rest nach und nach einarbeiten.

4 Teig zu einer ca. 50 cm langen Rolle formen und die Enden zusammendrücken, sodass ein Ring entsteht. Auf ein gefettetes Backblech legen. Eine Erbse und andere Miniüberraschungen in Alufolie wickeln und in die Unterseite des Teigs drücken. Eine hitzebeständige, außen gefettete Schüssel in die Mitte des Rings stellen. Locker mit eingeölter Frischhaltefolie abdecken und weitere 30 Minuten gehen lassen, bis der Teig um etwa die Hälfte aufgegangen ist.

5 Frischhaltefolie und Schüssel entfernen. Eigelb mit 1 EL Wasser mischen und den Teig damit bestreichen. Im vorgeheizten Backofen bei 200°C (Gas Stufe 6) 20–25 Minuten backen. Eventuell mit Alufolie abdecken, falls die Kruste zu stark bräunt.

6 Auf einem Kuchengitter abkühlen lassen. Puderzucker in eine Schüssel sieben und mit dem Saft zu einer glatten Paste verarbeiten. Glasur auftragen und mit Früchte-Mandel-Mischung bestreuen.

Im Brotbackautomaten

1 Backform aus dem Automaten nehmen und die Knethaken aufstecken. Kaltes Wasser, verquirlte Eier, geschmolzene Butter und Zucker zugeben. Anschließend Mehl, Salz und abgeriebene Orangen- und Zitronenschale hinzufügen. Eine Vertiefung in das Mehl drücken und die Hefe hineinfüllen (siehe Seite 14).

2 Backform in den Automaten stellen, Deckel schließen und Programm »Teig« wählen. Starttaste drücken.

3 Nach Ablauf des Programms die Backform herausnehmen und wie links unter Schritt 3 beschrieben vorgehen.

Ergibt 1 großen Laib

Tipp Traditionell werden in das Brot eine Erbse und andere kleine Überraschungen eingebacken, die natürlich hitzebeständig sein sollten! Der Dreikönigskranz enthält frische Eier und Butter, daher sollte keine Zeitverzögerung programmiert werden. Statt Wasser kann man auch warme Milch verwenden.

Christstollen

Der Christstollen mit seinen köstlichen Gewürzen, kandierten Früchten und Marzipan ist wohl das bekannteste Weihnachtsgebäck. Seine Form soll an das in Windeln gewickelte Christuskind erinnern.

125 g gemischtes Trockenobst, Zitronat und Orangeat
3 EL Rum
500 g Weizenmehl Type 550
½ TL Salz
125 g Zucker
½ TL gemahlener Muskat
¼ TL Kardamom
abgeriebene Schale 1er kleinen Zitrone
1 ½ TL Trockenhefe
175 g Butter
1 Ei, verquirlt
175 ml Milch

MARZIPANFÜLLUNG:
125 g Butter
125 g Zucker
125 g gemahlene Mandeln
½ TL Mandelessenz
2 EL Weizenmehl Type 405
1 Ei, verquirlt

GLASUR:
25 g geschmolzene Butter zum Bestreichen
25 g Puderzucker zum Bestreuen

Von Hand

1 Wie rechts, unter Schritt 1 beschrieben, vorgehen.

2 Mehl in einer großen Schüssel mit Salz, Zucker, Gewürzen, abgeriebener Zitronenschale und Hefe vermengen. 50 g geschmolzene Butter und das verquirlte Ei hinzufügen und mit Milch zu einem weichen Teig verarbeiten.

3 Auf einer bemehlten Arbeitsfläche 5 Minuten gründlich kneten, bis der Teig glatt und elastisch ist. Wieder in die Schüssel legen und mit eingeölter Frischhaltefolie abgedeckt ca. 1 ½ Stunden an einem warmen Ort zu doppelter Größe aufgehen lassen.

4 In der Zwischenzeit das Marzipan zubereiten. Hierfür 125 g Butter mit dem Zucker schaumig schlagen. Anschließend Mandeln, Mandelessenz, Mehl und verquirltes Ei unterrühren. Marzipan zu einer ca. 37 cm langen Rolle formen und kühl stellen.

5 Teig gründlich durchkneten und die restliche Butter abwechselnd mit den Trockenfrüchten einarbeiten.

6 In Backpapier einschlagen und 20 Minuten kühl stellen. Anschließend auf einer bemehlten Arbeitsfläche zu einem Oval ausrollen (ca. 15 x 40 cm). Marzipanrolle darauflegen und in den Teig einwickeln.

7 Stollen auf ein gefettetes Backblech legen, mit eingeölter Frischhaltefolie abdecken und weitere 30 Minuten gehen lassen.

8 Folie entfernen und den Stollen im vorgeheizten Backofen bei 180°C (Gas Stufe 4) 25–30 Minuten backen. Abkühlen lassen. Mit geschmolzener Butter bestreichen und Puderzucker darüberstreuen.

Im Brotbackautomaten

1 Trockenfrüchte, Zitronat und Orangeat in einer kleinen Schüssel mit Rum übergießen, mit einer Untertasse abdecken und über Nacht einweichen lassen.

2 50 g Butter schmelzen. Backform aus dem Automaten nehmen und die Knethaken aufstecken. Butter, verquirltes Ei und Milch hineingeben. Mehl, Salz, Zucker, Gewürze und abgeriebene Zitronenschale hinzufügen. Eine Vertiefung in das Mehl drücken und die Hefe hineinfüllen (siehe Seite 14).

3 Backform in den Automaten stellen, Deckel schließen und Programm »Teig« wählen. Starttaste drücken.

4 Nach Ablauf des Programms Backform herausnehmen und wie links unter Schritt 4 beschrieben vorgehen.

Ergibt 1 Laib

Tipp Selbstverständlich kann man das Marzipan auch fertig kaufen. Wegen der Butter und dem Ei sollte keine Zeitverzögerung programmiert werden. Beim Kneten von Hand (Schritt 5) kann der Teig sehr klebrig sein. In diesem Fall 10 Minuten auf der Arbeitsfläche liegen lassen, damit die Butter aufgesogen wird. Kein zusätzliches Mehl auf die Arbeitsfläche streuen!

Pulla

Ein gehaltvolles finnisches Brot mit einem Hauch von Safran und gemahlenem Kardamom. Versuchen Sie es doch mal mit Butter und Aprikosenmarmelade!

große Prise Safranfäden
275 ml handwarmes Wasser
12 Kardamomsamen
475 g Weizenmehl Type 550
3 EL Butter
¼ TL Salz
1 ½ TL Trockenhefe
4 EL Honig
1 Ei, verquirlt
1 Eigelb zum Bestreichen
50 g Orangenschale, in feine Streifen geschnitten

Von Hand

1 Safranfäden 10 Minuten einweichen und Kardamom, wie rechts unter Schritt 1 beschrieben, vorbereiten.

2 Mehl in eine große Schüssel geben. Butter hinzufügen und mit den Fingerspitzen vermengen, bis Streusel entstehen. Salz, gemahlenen Kardamom, Hefe, Honig und verquirltes Ei hinzufügen. Safranfäden und Einweichwasser erwärmen und mit den übrigen Zutaten zu einem weichen Teig verarbeiten.

3 Auf einer bemehlten Arbeitsfläche 5 Minuten kneten, bis der Teig glatt und elastisch ist. Wieder in die Schüssel legen und locker mit eingeölter Frischhaltefolie abgedeckt ca. 1 Stunde an einem warmen Ort zu doppelter Größe aufgehen lassen.

4 Teig auf einer bemehlten Arbeitsfläche nochmals gründlich durchkneten. In 3 Portionen teilen, zu ca. 37 cm langen Rollen formen und zu einem Zopf flechten (siehe Seite 20).

5 Zopf auf ein gefettetes Backblech legen und zu einem Ring formen (siehe Seite 20). Locker mit eingeölter Frischhaltefolie abdecken und an einem warmen Ort weitere 40 Minuten gehen lassen.

6 Frischhaltefolie entfernen, Eigelb mit 1 EL Wasser verquirlen und den Teig damit bestreichen. Mit fein geschnittener Orangenschale bestreuen und im vorgeheizten Backofen bei 200°C (Gas Stufe 6) 20 Minuten backen, bis das Brot goldbraun ist und hohl klingt, wenn man mit den Fingerspitzen darauf klopft. Eventuell nach 10 Minuten mit Alufolie abdecken, damit die Kruste nicht zu stark bräunt. Auf einem Kuchengitter abkühlen lassen.

Im Brotbackautomaten

1 Safran in einer Schüssel mit 275 ml handwarmem Wasser 30 Minuten einweichen lassen. Samenkapseln entfernen und die schwarzen Kardamomsamen mit Hilfe von Mörser und Stößel zerkleinern.

2 Backform aus dem Automaten nehmen und Knethaken aufstecken. Safran samt Einweichwasser, gemahlenem Kardamom, Butter, verquirltem Ei und Honig einfüllen. Mehl und Salz darüberstreuen. Eine Vertiefung in das Mehl drücken und die Hefe hineinfüllen (siehe Seite 14).

3 Backform in den Automaten stellen, Deckel schließen und Programm »Teig« wählen. Starttaste drücken.

4 Nach Ablauf des Programms Backform herausnehmen und wie links unter Schritt 4 beschrieben vorgehen.

Ergibt 1 Brotring

Kreuzbrötchen

In der vorchristlichen Tradition symbolisierte das Kreuz auf den Brötchen die vier Jahreszeiten, später sollte es böse Geister abwehren. Die fein gewürzten, fruchtig-süßen Brötchen werden traditionell am Karfreitag gebacken und gegessen. Sie erinnern an den das Kreuz tragenden Christus.

500 g Weizenmehl Type 550
3 EL Butter
3 EL Zucker
1 TL Salz
1 TL Zimt
¼ TL Piment (Nelkenpfeffer)
¼ TL gemahlener Muskat
1 ½ TL Trockenhefe
1 Ei, verquirlt
275 ml Milch
125 Rosinen

FÜR DIE KREUZE:
125 g Weizenmehl Type 550 oder 405
8–9 EL Wasser

GLASUR:
4 EL Milch
2 EL Zucker

Von Hand

1 Mehl in eine große Schüssel geben, Butter hinzufügen und mit den Fingerspitzen vermengen, bis Streusel entstehen. Zucker, Salz, Gewürze, Hefe und die verquirlten Eier dazugeben und mit Milch zu einem weichen Teig verarbeiten.

2 Auf einer bemehlten Arbeitsfläche 5 Minuten kneten, bis der Teig glatt und elastisch ist. Nach und nach die Rosinen einarbeiten und den Teig anschließend wieder in die Schüssel legen. Locker mit eingeölter Frischhaltefolie abdecken und ca. 1 Stunde an einem warmen Ort zu doppelter Größe aufgehen lassen.

3 Den Teig auf einer bemehlten Arbeitsfläche nochmals gründlich durchkneten. In 12 Portionen teilen und mit bemehlten Händen zu Kugeln formen. Mit ausreichend Abstand auf ein gefettetes Backblech setzen.

4 Brötchen locker mit eingeölter Folie abdecken und an einem warmen Ort 30 Minuten gehen lassen.

5 Für die Kreuze das Mehl in eine kleine Schüssel sieben und mit Wasser zu einer glatten Paste verarbeiten. Paste in einen Spritzbeutel füllen und ein Kreuz auf jedes Brötchen spritzen. Das Backblech anschließend rasch in den vorgeheizten Backofen schieben und die Brötchen bei 200°C (Gas Stufe 6) 15 Minuten goldbraun backen.

6 Zucker in heißer Milch auflösen und 2–3 Minuten dick einkochen lassen. Brötchen damit bestreichen und 5 Minuten auskühlen lassen.

Im Brotbackautomaten

1 Backform aus dem Automaten nehmen und die Knethaken aufstecken. Milch, verquirltes Ei, Zucker und Butter hineingeben. Anschließend Mehl, Gewürze und Salz hinzufügen. Eine Vertiefung in das Mehl drücken und die Hefe hineinfüllen (siehe Seite 14).

2 Backform in den Automaten stellen, Deckel schließen und Programm »Teig« wählen. Starttaste drücken.

3 Beim ersten Signalton die Rosinen zum Teig geben, Deckel schließen und Programm beenden lassen.

4 Nach Ablauf des Programms die Backform herausnehmen und den Teig auf einer bemehlten Arbeitsfläche, wie links unter Schritt 3 beschrieben, weiterverarbeiten.

Ergibt 12 Brötchen

Tipp Da diese Brötchen frische Milch und ein Ei enthalten, sollte keine Zeitverzögerung programmiert werden.

Challah

Traditionell zum jüdischen Neujahrsfest gebacken, symbolisiert das spiralförmige Challah Kontinuität, da es keinen Anfang und kein Ende hat.

500 g Weizenmehl Type 550
1 TL Salz
1 ¼ TL Trockenhefe
50 g Butter, geschmolzen
2 Eier, verquirlt
3 EL flüssiger Honig
175 ml Wasser
1 Eigelb zum Bestreichen
2 TL Mohn

Von Hand

1 Mehl, Salz und Hefe in einer großen Schüssel vermengen. Geschmolzene Butter, verquirlte Eier und Honig hinzufügen und mit Wasser zu einem weichen Teig verarbeiten.

2 Auf einer bemehlten Arbeitsfläche 5 Minuten kneten, bis der Teig glatt und elastisch ist. Nach und nach die Rosinen einarbeiten und den Teig anschließend wieder in die Schüssel legen. Locker mit eingeölter Frischhaltefolie abdecken und ca. 1 Std. an einem warmen Ort zu doppelter Größe aufgehen lassen.

3 Den Teig auf einer bemehlten Arbeitsfläche nochmals gründlich durchkneten und zu einer ca. 73 cm langen Rolle formen. Rolle spiralförmig aufrollen und in eine gefettete Springform (ca. 20 cm Durchmesser) legen.

4 Das Brot locker mit eingeölter Folie abdecken und an einem warmen Ort 45 Minuten gehen lassen.

5 Frischhaltefolie entfernen, Eigelb mit 1 EL Wasser verquirlen und das Brot damit bestreichen. Mohn über das Brot streuen und im vorgeheizten Backofen bei 200°C (Gas Stufe 6) 30 Minuten backen, bis es dunkelbraun ist und hohl klingt, wenn man mit den Fingerspitzen darauf klopft. Eventuell nach 10 Minuten mit Alufolie abdecken, damit die Kruste nicht zu stark bräunt.

6 Backform aus dem Ofen nehmen (Ofenhandschuhe nicht vergessen!) und das Brot mit einem Palettenmesser aus der Form lösen. Zunächst den Springformrand und anschließend den -boden entfernen. Auf einem Kuchengitter abkühlen lassen.

Im Brotbackautomaten

1 Backform aus dem Automaten nehmen und die Knethaken aufstecken. Kaltes Wasser, verquirlte Eier, geschmolzene Butter und Honig hineingeben. Anschließend Mehl und Salz hinzufügen. Eine Vertiefung in das Mehl drücken und die Hefe hineinfüllen (siehe Seite 14).

2 Backform in den Automaten stellen, Deckel schließen und Programm »Teig« wählen. Starttaste drücken.

3 Nach Ablauf des Programms die Backform herausnehmen und den Teig auf einer bemehlten Arbeitsfläche, wie links unter Schritt 3 beschrieben, weiterverarbeiten.

Ergibt 1 großen Laib

Tipp Zu einem einfachen oder doppelten Zopf (siehe Seite 20) geflochten, wird dieses Brot auch zum Sabbat oder anderen jüdischen Festen gereicht. Die drei Teigstränge symbolisieren Wahrheit, Frieden und Gerechtigkeit; der aufgestreute Mohn erinnert an das vom Himmel gefallene Manna. Da dieses Brot frische Butter und ein Ei enthält, sollte keine Zeitverzögerung programmiert werden.

8 Brote ohne Hefe

Ingwerbrot

75 g brauner Rohrzucker
100 g Butter
250 g heller Zuckersirup
4 EL Marmelade mit Früchten
150 ml Milch
2 Eier
1 EL kandierter Ingwer, gehackt (nach Belieben)
300 g Weizenmehl Type 550 oder 405
1 ½ TL Backpulver
1 TL Natron
1 TL Zimt oder Piment
3 TL gemahlener Ingwer

Von Hand

1 Eine hohe quadratische Backform (ca. 18 x 18 cm) einfetten und mit Backpapier auslegen.

2 Wie rechts unter Schritt 1 und 2 vorgehen, dabei einen mittelgroßen Topf verwenden.

3 Nach und nach die Milchmischung und die trockenen Zutaten in den Topf geben. Gut umrühren, in die vorbereitete Backform füllen.

4 Im vorgeheizten Backofen bei 160°C (Gas Stufe 3) 45–55 Minuten backen. Bei einer Garprobe mit einem Holzstäbchen sollte kein Teig mehr daran kleben bleiben.

5 Backform aus dem Ofen nehmen (Ofenhandschuhe nicht vergessen!). Brot mit einem Palettenmesser aus der Form lösen, auf ein Kuchengitter legen, Backpapier abziehen und mit der restlichen Marmelade bestreichen.

Ergibt 1 großen Laib

Tipp Für eine festlichere Variante kann man das Ingwerbrot an Stelle von Marmelade auch mit einer Puderzuckerglasur und gehacktem Ingwer dekorieren. Da die Programme der Backautomaten sehr verschieden sein können, muss man das Backprogramm eventuell vorzeitig beenden oder aber 5–10 Minuten nachbacken. (Siehe Herstellerhinweise.)

Im Brotbackautomaten

1 Zucker, Butter, Sirup und die Hälfte der Marmelade in einem kleinen Topf vorsichtig erhitzen. Rühren, bis die Butter geschmolzen ist. Etwas abkühlen lassen.

2 Milch, Eier und eventuell gehackten Ingwer in einer Schüssel vermischen. In einer zweiten Schüssel Mehl mit Backpulver, Natron und Gewürzen mischen.

3 Backform aus dem Automaten nehmen, Knethaken aufstecken und die Zucker- und Milchmischung sowie die trockenen Zutaten einfüllen.

4 Backform in den Automaten stellen, Deckel schließen und das Programm »Süßes Brot« wählen (oder entsprechende Einstellung gemäß der Gebrauchsanweisung – siehe Seite 12). Starttaste drücken.

5 Nach 10 Minuten oder beim ersten Signalton den Deckel öffnen und eventuell unvermischte trockene Zutaten mit einem Teigschaber von den Wänden der Backform entfernen. Programm beenden lassen.

6 Da die Einstellungen der Backautomaten sehr unterschiedlich sein können, sollte man 15 Minuten vor Programmende eine Garprobe machen. Ist das Brot goldbraun und gut aufgegangen, und klebt kein Teig mehr an dem Holzstäbchen, ist das Brot fertig.

7 Backform mit Ofenhandschuhen herausnehmen und das Brot mit einem Holzwender aus der Form lösen. Auf einem Kuchengitter abkühlen lassen und restliche Marmelade darauf verteilen.

Bara brith

Dieses saftige walisische Rosinenbrot wird aus Zutaten gebacken, die sich in jedem Küchenschrank finden. Dick mit Butter bestrichen schmeckt es am besten.

125 g Sultaninen
125 g Rosinen
175 g Rohrzucker
¼ TL Salz
300 ml starker, heißer Schwarztee
1 Ei, verquirlt
275 g Weizenmehl Type 405
1 ½ TL Backpulver
1 TL Natron
1 TL Zimt

Von Hand

1 Sultaninen, Rosinen und Zucker in einer Schüssel mit Tee überbrühen und mindestens 4 Stunden oder über Nacht einweichen.

2 Eine quadratische Backform (ca. 18 x 18 cm) einfetten und mit Backpapier auslegen.

3 Verquirltes Ei unter die eingeweichten Früchte ziehen. Mit Backpulver, Salz, Natron und Zimt vermischtes Mehl darübersieben und unterheben. Mischung in die Backform füllen und glatt streichen.

4 Im vorgeheizten Backofen bei 160°C (Gas Stufe 3) 55–60 Minuten backen, bis das Brot gut aufgegangen und braun ist. Garprobe machen.

5 Backform aus dem Ofen nehmen (Ofenhandschuhe nicht vergessen!) und das Rosinenbrot mit einem Palettenmesser vorsichtig aus der Form lösen. Auf ein Kuchengitter legen, Backpapier abziehen und völlig auskühlen lassen. Es hält sich in einer luftdicht abgeschlossenen Dose bis zu einer Woche.

Tipp Rosinen und Sultaninen kann man statt in Tee auch in Orangensaft oder Milch einweichen.

Im Brotbackautomaten

1 Rosinen und Sultaninen, wie links unter Schritt 1 beschrieben, vorbereiten.

2 Backform aus dem Automaten nehmen und die Knethaken aufstecken. Eingeweichte Früchte und das verquirlte Ei hineingeben. Anschließend mit Backpulver, Salz, Natron und Zimt vermischtes Mehl hinzufügen.

3 Backform in den Automaten stellen, Deckel schließen und das Programm »Süßes Brot« wählen (oder entsprechende Einstellung gemäß der Gebrauchsanweisung – siehe Seite 12). Starttaste drücken.

4 Nach 10 Minuten oder beim ersten Signalton den Deckel öffnen und eventuell unvermischte trockene Zutaten mit einem Teigschaber von den Wänden der Backform entfernen. Programm beenden lassen.

5 Da die Einstellungen der Backautomaten sehr unterschiedlich sein können, sollte man nach Ablauf des Programms eine Garprobe machen. Klebt kein Teig mehr am Holzstäbchen, ist das Brot fertig. Ansonsten 10 Minuten nachbacken (siehe Herstellerhinweise) und nochmals eine Garprobe machen.

6 Backform mit Ofenhandschuhen herausnehmen. Brot mit einem Holzwender aus der Form lösen und auf einem Kuchengitter abkühlen lassen. Das Rosinenbrot hält sich in einer luftdicht abgeschlossenen Dose bis zu einer Woche.

Ergibt 1 großen Laib

Dattel-Walnuss-Brot

Weinstein ist ein Gemisch aus Salzen der Weinsäure und in Weinflaschen manchmal in Form von kleinen, weißen Kristallen am Flaschenboden zu beobachten. Für dieses Rezept wird eine Mischung aus Weinstein-Backpulver und Milch verwendet.

200 g Vollkornmehl
275 g Weizenmehl Type 405
1 TL Natron
½ TL Salz
125 g heller Rohrzucker
250 ml Buttermilch
1 TL Weinstein-Backpulver (Bio-Produkt)
50 g Butter, geschmolzen
1 Ei, verquirlt
75 g Walnüsse, grob gehackt
175 g entsteinte Datteln, gehackt

Von Hand

1 Mehl, Natron, Salz und Zucker in einer großen Schüssel vermengen. Milch mit Weinstein-Backpulver verrühren. Geschmolzene Butter, Eier, Walnüsse und Datteln hinzufügen und mit der Milchmischung zu einem weichen Teig verarbeiten.

2 Kurz auf einer bemehlten Arbeitsfläche kneten und zu einem Fladen formen (ca. 20 cm Durchmesser). Auf ein gefettetes Backblech legen und die Oberfläche kreuzweise einschneiden.

3 Mit etwas Mehl bestreuen und sofort im vorgeheizten Backofen bei 220°C (Gas Stufe 7) 25–30 Minuten backen, bis das Brot gebräunt ist und hohl klingt, wenn man mit den Fingerspitzen darauf klopft.

4 Backblech aus dem Ofen nehmen (Ofenhandschuhe nicht vergessen!) und das Brot mit einem Palettenmesser lösen. Auf einem Kuchengitter abkühlen lassen.

Ergibt 1 großen Laib

> **Tipp** Wenn man das heiße Brot in ein sauberes Geschirrtuch einschlägt und abkühlen lässt, bleibt die Kruste weich.

Im Brotbackautomaten

1 Backform aus dem Automaten nehmen und die Knethaken aufstecken. Milch und Weinstein-Backpulver einfüllen und mischen. Geschmolzene Butter, Ei, Mehl, Zucker, Natron und Salz hinzufügen.

2 Backform in den Automaten stellen, Deckel schließen und das Programm »Süßes Brot« wählen (oder entsprechende Einstellung gemäß Gebrauchsanleitung – siehe Seite 12). Starttaste drücken.

3 Nach 10 Minuten oder beim ersten Signalton den Deckel öffnen und eventuell unvermischte trockene Zutaten mit einem Teigschaber von den Wänden der Backform entfernen. Walnüsse und Datteln hinzufügen, Deckel schließen und Programm beenden lassen.

4 Nach Ablauf des Programms eine Garprobe machen und bei Bedarf 15 Minuten nachbacken, bis das Brot durchgebacken ist. Alternativ kann man auch im Backofen nachbacken. Dazu die Backform mit Ofenhandschuhen aus dem Automaten nehmen, Brot mit einem Holzwender aus der Form lösen und im vorgeheizten Backofen bei 220°C (Gas Stufe 7) 15 Minuten backen, bis die Oberfläche fest und gebräunt ist. Auf einem Kuchengitter abkühlen lassen.

Zitronenbrot

300 g Weizenmehl Type 405
2 TL Backpulver
½ TL Salz
150 g Zucker
125 g Butter, geschmolzen
abgeriebene Schale von 2 Zitronen
3 Eier, verquirlt
150 ml Milch

SIRUP:
Schale von 2 Zitronen
Saft von 2 Zitronen
100 g Zucker

Von Hand

1 Eine quadratische Backform (ca. 18 x 18 cm) einfetten und mit Backpapier auslegen.

2 Mehl, Backpulver, Salz und Zucker in einer großen Schüssel mischen. Geschmolzene Butter und abgeriebene Zitronenschale hinzufügen. Nach und nach verquirlte Eier und Milch dazugeben und zu einem sehr weichen Teig verarbeiten. In die vorbereitete Backform füllen und glatt streichen.

3 Im vorgeheizten Backofen bei 160°C (Gas Stufe 3) 45–55 Minuten backen, bis die Brotoberfläche goldbraun und aufgerissen ist. Garprobe machen.

4 Zitronensirup wie rechts unter Schritt 4 beschrieben vorbereiten.

5 Backform aus dem Ofen nehmen (Ofenhandschuhe nicht vergessen!) und Brot mit einem Palettenmesser aus der Form lösen. Auf ein Kuchengitter legen und Backpapier abziehen. Einen Teller unterstellen.

6 Zitronenbrot mit einem Holzstäbchen mehrfach einstechen, den Zitronensirup darübergießen und abkühlen lassen.

Ergibt 1 großen Laib

Im Brotbackautomaten

1 Backform aus dem Automaten nehmen und die Knethaken aufstecken. Geschmolzene Butter, Eier, Milch, abgeriebene Zitronenschale, Salz und Zucker hineingeben. Mehl und Backpulver hinzufügen.

2 Backform in den Automaten stellen, Deckel schließen und Programm »Süßes Brot« (oder entsprechend andere Einstellung gemäß Gebrauchsanleitung – siehe Seite 12) wählen. Starttaste drücken.

3 Nach 10 Minuten oder beim ersten Signalton den Deckel öffnen und eventuell unvermischte trockene Zutaten mit einem Teigschaber von den Wänden der Backform entfernen. Deckel schließen und Programm beenden lassen.

4 In der Zwischenzeit die Zitronen mit einem Schälmesser dünn abschälen. Schale in dünne Streifen schneiden und mit Zitronensaft, Zucker sowie 4 EL Wasser in einem kleinen Topf 5 Minuten erhitzen, bis die Schale klar wird und die Flüssigkeit sirupartig eingekocht ist.

5 Da die Programmdauer je nach Gerät unterschiedlich sein kann, sollte man 15 Minuten vor Programmende eine Garprobe machen. Klebt kein Teig mehr an dem Holzstäbchen und ist die Kruste goldbraun, ist das Brot fertig. Ansonsten Programm beenden lassen und anschließend erneut testen.

6 Backform mit Ofenhandschuhen aus dem Automaten nehmen und das Brot mit einem Holzwender aus der Form lösen. Auf einem Kuchengitter abkühlen lassen.

7 Falls notwendig, den Zitronensirup wieder erwärmen. Brotoberfläche mit einem Holzstäbchen mehrfach einstechen und Zitronensirup darübergießen (Teller unterstellen). Abkühlen lassen.

Teebrot mit Bananen, Aprikosen und Kirschen

Für dieses Teebrot kann man bereits überreife Bananen verwenden. Durch seinen kuchenartigen Charakter ist es bei Kindern übrigens auch ein beliebtes Pausenbrot!

400 g Bananen (ca. 3 kleine Bananen)
1 EL Zitronensaft
300 g Weizenmehl Type 405
2 TL Backpulver
½ TL Salz
150 g Zucker
125 g Butter, geschmolzen
2 Eier, verquirlt
125 g Belegkirschen, grob gehackt
125 g getrocknete Aprikosen, gewürfelt

Von Hand

1 Eine quadratische Backform (ca. 18 x 18 cm) einfetten und mit Backpapier auslegen.

2 Bananen schälen, mit einer Gabel zerdrücken und mit Zitronensaft verrühren. Mehl, Backpulver, Salz und Zucker in einer großen Schüssel mischen und geschmolzene Butter sowie Bananen hinzufügen. Mit verquirlten Eiern zu einem weichen Teig verarbeiten, in die vorbereitete Backform füllen und glatt streichen.

3 Im vorgeheizten Backofen bei 160°C (Gas Stufe 3) 45–55 Minuten backen, bis die Brotoberfläche goldbraun und aufgerissen ist. Garprobe machen.

4 Backform aus dem Ofen nehmen (Ofenhandschuhe nicht vergessen!). Teebrot mit einem Palettenmesser aus der Form lösen, auf ein Kuchengitter legen, Backpapier abziehen und abkühlen lassen.

Ergibt 1 großen Laib

Im Brotbackautomaten

1 Bananen schälen, mit einer Gabel zerdrücken und mit Zitronensaft verrühren.

2 Backform aus dem Automaten nehmen und die Knethaken aufstecken. Bananen, Eier und geschmolzene Butter hineingeben. Zucker, Salz, Mehl und Backpulver hinzufügen.

3 Backform in den Automaten stellen, Deckel schließen und Programm »Süßes Brot« (oder entsprechende Einstellung gemäß der Gebrauchsanleitung – siehe Seite 12) wählen. Starttaste drücken.

4 Nach 10 Minuten oder beim ersten Signalton den Deckel öffnen und eventuell unvermischte trockene Zutaten mit einem Teigschaber von den Wänden der Backform entfernen. Deckel schließen und das Programm beenden lassen.

5 Da die Programmdauer je nach Gerät unterschiedlich sein kann, sollte man 15 Minuten vor Programmende eine Garprobe machen. Klebt kein Teig mehr an dem Holzstäbchen und ist die Kruste goldbraun, ist das Brot fertig. Ansonsten Programm beenden lassen und anschließend erneut testen.

6 Backform mit Ofenhandschuhen aus dem Automaten nehmen. Brot mit einem Holzwender aus der Form lösen und auf einem Kuchengitter abkühlen lassen.

Maisbrot mit Chili

1 EL Zucker
150 g Maismehl
250 g Weizenmehl Type 405
3 TL (2 TL) Backpulver
1 TL Natron
1 TL Salz
frisch gemahlener schwarzer Pfeffer
50 g weiche Butter
50 g Parmesan, gerieben
2 große getrocknete Chilischoten, fein gehackt
6 Frühlingszwiebeln, fein gehackt
2 Eier, verquirlt
150 g Naturjoghurt
300 ml Milch

Von Hand

1 Eine quadratische Backform (ca. 18 x 18 cm) einfetten und mit Eackpapier auslegen.

2 Trockene Zutaten in einer großen Schüssel mischen. Geschmolzene Butter, Käse, Chili und Zwiebeln hinzufügen. Verquirlte Eier mit Joghurt und Milch verrühren und unter die trockenen Zutaten heben. Teig in die vorbereitete Backform füllen und glatt streichen.

3 Im vorgeheizten Backofen bei 160°C (Gas Stufe 3) 45–55 Minuten backen, bis die Brotoberfläche goldbraun und aufgerissen ist. Garprobe machen.

4 Backform aus dem Ofen nehmen (Ofenhandschuhe nicht vergessen!). Maisbrot mit einem Palettenmesser aus der Form lösen und auf ein Kuchengitter legen. Backpapier abziehen und abkühlen lassen.

Im Brotbackautomaten

1 Backform aus dem Automaten nehmen und die Knethaken aufstecken. Bis auf die Zwiebeln und das Chili alle Zutaten entsprechend der Reihenfolge der Zutatenliste einfüllen.

2 Backform in den Automaten stellen, Deckel schließen und Programm »Süßes Brot« (oder entsprechend andere Einstellung gemäß Bedienungsanleitung – siehe Seite 12) wählen. Starttaste drücken.

3 Nach 10 Minuten oder beim ersten Signalton den Deckel öffnen und eventuell unvermischte trockene Zutaten mit einem Teigschaber von den Wänden der Backform entfernen. Zwiebeln und Chili hinzufügen. Deckel schließen und Programm beenden lassen.

4 Da die Programmdauer je nach Gerät unterschiedlich sein kann, sollte man 15 Minuten vor Programmende eine Garprobe machen. Klebt kein Teig mehr an dem Holzstäbchen und ist die Kruste goldbraun, ist das Brot fertig. Ansonsten Programm beenden lassen und anschließend erneut testen.

5 Backform mit Ofenhandschuhen aus dem Automaten nehmen. Brot mit einem Holzwender aus der Form lösen und auf einem Kuchengitter abkühlen lassen.

Ergibt 1 großen Laib

Tipp Ist die Kruste des im Automaten gebackenen Brotes zu hell, einfach mit etwas Butter bestreichen und unter dem heißen Backofengrill 2–3 Minuten bräunen. Da dieses Brot frische Butter, Käse, Eier und Milch enthält, sollte keine Zeitverzögerung programmiert werden.

Glutenfreie Brote

Würziges Apfelbrot

500 g glutenfreie Brotback-mischung
2 EL Butter oder Margarine
2 EL heller Rohrzucker
1 TL Zimt
1 ½ TL Trockenhefe
1 Tafelapfel, entkernt und grob geraspelt
300 ml Wasser

Von Hand

1 Eine Brotbackform (ca. 1 kg Fassungsvermögen) einfetten und mit Backpapier auslegen.

2 Brotbackmischung in eine große Schüssel geben, Butter hinzufügen und mit den Fingerspitzen vermengen, bis Streusel entstehen. Zucker, Zimt, Hefe und den geriebenen Apfel dazugeben. Mit warmem Wasser zu einem dickflüssigen Teig verarbeiten, in die Backform füllen und glatt streichen.

3 Offen an einem warmen Ort ca. 45 Minuten gehen lassen. Der Teig sollte bis zum Rand der Backform aufgegangen sein.

4 Im vorgeheizten Backofen bei 200°C (Gas Stufe 6) 35–40 Minuten backen, bis das Brot goldbraun ist und hohl klingt, wenn man mit den Fingerspitzen darauf klopft. Eventuell nach 15 Minuten mit Alufolie abdecken, damit die Kruste nicht zu stark bräunt.

5 Backform mit Ofenhandschuhen herausnehmen und das Brot mit einem Palettenmesser aus der Form lösen. Auf ein Kuchengitter legen, Backpapier abziehen und auskühlen lassen.

Im Brotbackautomaten

1 Backform aus dem Automaten nehmen und die Knethaken aufstecken. Kaltes Wasser, Butter, Zucker und Apfel hineingeben. Brotbackmischung und Zimt darüberstreuen. Eine Vertiefung in das Mehl drücken und die Hefe hineinfüllen (siehe Seite 14).

2 Backform in den Automaten stellen und den Deckel schließen. Programm »Weißbrot«, Brotgröße 750 g und gewünschten Bräunungsgrad wählen. Starttaste drücken.

3 Nach Ablauf des Programms die Backform mit Ofenhandschuhen herausnehmen, Brot mit einem Holzwender aus der Form lösen und auf einem Kuchengitter auskühlen lassen.

Ergibt 1 großen Laib

Tipp Ist der Brotbackmischung bereits Hefe beigefügt, sollte man, sofern noch notwendig, die auf der Packung angegebene Hefemenge verwenden.

Kürbiskernbrot mit Aprikosen und Preiselbeeren

500 g glutenfreie Brotbackmischung
2 EL weiche Butter oder Margarine
1 ½ TL Trockenhefe
2 EL cremiger Honig
1 Ei, verquirlt
325 ml Wasser
25 g Kürbiskerne
75 g getrocknete Aprikosen, grob gehackt
75 g getrocknete Preiselbeeren
Kürbiskerne zum Bestreuen

Von Hand

1 Eine Brotbackform (ca. 1 kg Fassungsvermögen) fetten und mit Backpapier auslegen.

2 Brotbackmischung in eine große Schüssel geben, Butter hinzufügen und mit den Fingerspitzen vermengen, bis Streusel entstehen. Hefe, Honig und verquirltes Ei dazugeben. Mit warmem Wasser zu einem dickflüssigen Teig verarbeiten. Kürbiskerne, Aprikosen und Preiselbeeren hinzufügen. Teigmischung in die vorbereitete Backform füllen, glatt streichen und mit Kürbiskernen bestreuen.

3 Offen an einem warmen Ort 45 Minuten gehen lassen, bis das Brot bis zum Rand der Backform aufgegangen ist.

4 Im vorgeheizten Backofen bei 200°C (Gas Stufe 6) 35–40 Minuten backen, bis das Brot goldbraun ist und hohl klingt, wenn man mit den Fingerspitzen darauf klopft. Eventuell nach 15 Minuten mit Alufolie abdecken, damit die Kruste nicht zu stark bräunt.

5 Backform mit Ofenhandschuhen herausnehmen und das Brot mit einem Palettenmesser aus der Form lösen. Auf ein Kuchengitter legen, Backpapier abziehen und auskühlen lassen.

Im Brotbackautomaten

1 Backform aus dem Automaten nehmen und die Knethaken aufstecken. Kaltes Wasser, Butter, verquirltes Ei und Honig hineingeben. Brotbackmischung und Kürbiskerne darüberstreuen. Eine Vertiefung in das Mehl drücken und die Hefe hineinfüllen (siehe S. 14).

2 Backform in den Automaten stellen und den Deckel schließen. Programm »Weißbrot«, Brotgröße 1 kg und gewünschten Bräunungsgrad wählen (oder entsprechenden Herstellerhinweisen folgen). Starttaste drücken.

3 Nach 20 Minuten oder beim Ertönen des ersten Signaltons die Aprikosen und Preiselbeeren zum Teig geben. Darauf achten, dass alle Zutaten gründlich untergemischt werden. Deckel schließen und das Programm beenden lassen. Brot kurz vor dem eigentlichen Backvorgang mit Kürbiskernen bestreuen.

4 Nach Ablauf des Programms die Backform mit Ofenhandschuhen herausnehmen, Brot mit einem Holzwender aus der Form lösen und auf einem Kuchengitter auskühlen lassen.

Ergibt 1 sehr großen Laib

Tipp Glutenfreie Brote trocknen rasch aus. Man sollte sie daher, sobald sie abgekühlt sind, in Frischhaltefolie oder Alufolie einwickeln.

Kräuterbrot

Mit seinen frischen Kräutern passt dieses Brot wunderbar zu Suppen oder Salaten. Für ein intensives Kräuteraroma eignet sich am besten eine Mischung aus Rosmarin, Salbei und etwas gehacktem Schnittlauch oder Petersilie.

150 g Pastinaken
200 g Kichererbsenmehl
300 g glutenfreies Mehl
1 TL Salz
1 TL Zucker
2 ½ TL Trockenhefe
4 EL frische Kräuter, gehackt
2 EL Olivenöl
400 ml warmes Wasser

Von Hand

1 Eine Brotbackform (ca. 1 kg Fassungsvermögen) einfetten und mit Backpapier auslegen. Pastinaken, wie rechts unter Schritt 1 beschrieben, zubereiten.

2 Mehl in einer großen Schüssel mit Salz, Zucker und Hefe vermengen. Kräuter und Öl hinzufügen und mit warmem Wasser zu einem dickflüssigen Teig verarbeiten. In die vorbereitete Backform füllen und glatt streichen.

3 Offen an einem warmen Ort 45 Minuten gehen lassen. Der Teig sollte bis zum Rand der Backform aufgegangen sein.

4 Im vorgeheizten Backofen bei 190°C (Gas Stufe 5) 30 Minuten backen, bis das Brot goldbraun ist und hohl klingt, wenn man mit den Fingerspitzen darauf klopft.

5 Backform mit Ofenhandschuhen herausnehmen und das Brot mit einem Palettenmesser aus der Form lösen. Auf ein Kuchengitter legen, Backpapier abziehen und auskühlen lassen.

Im Brotbackautomaten

1 Pastinaken schälen und würfeln. In kochendem Wasser 10 Minuten weich kochen, abgießen und zerdrücken.

2 Backform aus dem Automaten nehmen und die Knethaken aufstecken. Zerdrückte Pastinaken, warmes Wasser, Öl und gehackte Kräuter hineingeben. Mehl, Salz und Zucker darüberstreuen. Eine Vertiefung in das Mehl drücken und die Hefe hineinfüllen (siehe Seite 14).

3 Backform in den Automaten stellen, Deckel schließen und das Programm »Schnellbacken«/»Kurzbacken« wählen. Starttaste drücken.

4 Nach Ablauf des Programms die Backform mit Ofenhandschuhen herausnehmen, Brot mit einem Holzwender aus der Form lösen und auf einem Kuchengitter auskühlen lassen.

Ergibt 1 großen Laib

Tipp Ist das Brot nach Ablauf des Programms zu hell, die Kruste einfach mit etwas Butter oder Öl bestreichen und einige Minuten unter dem heißen Backofengrill bräunen.

Maisbrot mit Parmesan

150 g feines Maismehl
125 g Kichererbsenmehl
½ TL Salz
2 ½ TL weizenfreies Backpulver
50 g Parmesan, fein gerieben
50 g Butter, geschmolzen
2 Eier, verquirlt
300 ml Milch

Von Hand

1 Eine Brotbackform (ca. 1 kg Fassungsvermögen) einfetten und mit Backpapier auslegen.

2 Maismehl, Kichererbsenmehl, Salz und Backpulver in einer großen Schüssel mischen. Geriebenen Parmesan, geschmolzene Butter, verquirlte Eier und Milch hinzufügen. Mit einer Gabel zu einem glatten Teig verrühren. In die vorbereitete Backform füllen und glatt streichen.

3 Im vorgeheizten Backofen bei 160°C (Gas Stufe 3) 30–35 Minuten backen, bis die Kruste goldbraun und fest ist und kleine Risse zeigt.

4 Backform mit Ofenhandschuhen herausnehmen und das Brot 10 Minuten in der Form belassen. Anschließend mit einem Palettenmesser aus der Form lösen, auf ein Kuchengitter legen, Backpapier abziehen und auskühlen lassen.

Im Brotbackautomaten

1 Backform aus dem Automaten nehmen und die Knethaken aufstecken. Verquirlte Eier, Butter, Milch und Parmesan hineingeben. Maismehl und Kichererbsenmehl mit Salz und Backpulver mischen und darüberstreuen. Eine Vertiefung in das Mehl drücken und die Hefe hineinfüllen (siehe Seite 14).

2 Backform in den Automaten stellen, Deckel schließen und das Programm »Schnellbacken«/»Kurzbacken« wählen (eventuell abweichende Herstellerhinweise beachten). Starttaste drücken.

3 Nach Ablauf des Programms die Backform mit Ofenhandschuhen herausnehmen, Brot mit einem Holzwender aus der Form lösen und auf einem Kuchengitter auskühlen lassen.

Ergibt 1 großen Laib

Tipp Idealerweise sollte die Programmdauer für dieses Brot zwischen 1 Stunde 40 Minuten und 1 Stunde 50 Minuten liegen. Bei manchen Geräten eignet sich dafür das Programm »Süßes Brot«, bei anderen auch »Schnellbacken«.

Herstellerhinweise beachten. Da das Brot frische Eier und Milch enthält, sollte keine Zeitverzögerung programmiert werden.

Kürbis-Chili-Brot

Glutenfreie Brote sind häufig etwas trockener als gewöhnlich. Als Ausgleich werden den glutenfreien Mehlen in diesem Rezept Röstzwiebeln, Kürbis, zerstoßener Kreuzkümmel und etwas Chili zugesetzt.

2 EL Olivenöl
1 kleine Zwiebel, fein gehackt
125 g Speisekürbis, in feine Würfel geschnitten
1 EL Kreuzkümmel, zerstoßen
¼ TL getrocknete Chilischoten
50 g Hirseflocken
150 g Kichererbsenmehl
200 g glutenfreies Mehl
1 TL Salz
1 TL Zucker
2 ½ TL Trockenhefe
350 ml warmes Wasser

Von Hand

1 Eine Brotbackform (ca. 1 kg Fassungsvermögen) einfetten und mit Backpapier auslegen. Den Kürbis, wie rechts unter Schritt 1 beschrieben, vorbereiten.

2 Hirseflocken, Kichererbsenmehl und glutenfreies Mehl in eine große Schüssel geben. Salz Zucker, Hefe, und würzige Gemüsemischung hinzufügen, mit warmem Wasser zu einem dickflüssigen Teig verarbeiten. In die vorbereitete Backform füllen und glatt streichen.

3 Offen an einem warmen Ort 45 Minuten gehen lassen, bis der Teig bis zum Rand der Backform aufgegangen ist.

4 Im vorgeheizten Backofen bei 190°C (Gas Stufe 5) 30 Minuten backen, bis das Brot gebräunt ist und hohl klingt, wenn man mit den Fingerspitzen darauf klopft.

5 Backform mit Ofenhandschuhen herausnehmen und das Brot mit einem Palettenmesser aus der Form lösen. Auf ein Kuchengitter legen, Backpapier abziehen und auskühlen lassen.

Im Brotbackautomaten

1 Öl in einer Bratpfanne erhitzen, Zwiebel und Kürbis unter Rühren 10 Minuten goldbraun braten. Kreuzkümmel und Chili darüberstreuen und 1 Minute weiterbraten.

2 Backform aus dem Automaten nehmen und die Knethaken aufstecken. Heiße Gemüsemischung und warmes Wasser hinzufügen. Hirseflocken, Kichererbsenmehl und glutenfreies Mehl mit Salz und Zucker mischen und darüberstreuen. Eine Vertiefung in das Mehl drücken und die Hefe hineinfüllen (siehe S. 14).

3 Backform in den Automaten stellen, Deckel schließen und das Programm »Schnellbacken«/»Kurzbacken« wählen. Starttaste drücken.

4 Nach Ablauf des Programms die Backform mit Ofenhandschuhen herausnehmen, Brot mit einem Holzwender aus der Form lösen und auf einem Kuchengitter auskühlen lassen.

Ergibt 1 großen Laib

Stichwortverzeichnis